徹底マスター

空気線図
の読み方・使い方

改訂2版　空気調和・衛生工学会 編

Ohmsha

公益社団法人　空気調和・衛生工学会
出版委員会「空気線図の読み方・使い方」改訂小委員会

主査	水野　稔	（大阪大学名誉教授）	監修，1章，5章
委員	倉田　昌典	（高砂熱学工業株式会社）	3章，4章
	小池　清隆	（大阪府立布施工科高等学校）	1章
	千原　崇	（三機工業株式会社）	3章
	中村　安弘	（山口大学名誉教授）	2章
	森元　和也	（新晃工業株式会社）	3章

出版委員会「湿り空気線図」編集小委員会(初版)

主査	水野　稔	（大阪大学）	監修
委員	小倉　一浩	（大阪府立東住吉工業高等学校）	1章
	柏原　健二	（新晃工業株式会社）	3章
	中村　安弘	（大阪大学）	2章
	平岡　秀明	（三機工業株式会社）	4・1～4・3節
	松尾　浩	（株式会社きんでん）	4・4節

本書を発行するにあたって，内容に誤りのないようできる限りの注意を払いましたが，本書の内容を適用した結果生じたこと，また，適用できなかった結果について，著者，出版社とも一切の責任を負いませんのでご了承ください．

　本書は，「著作権法」によって，著作権等の権利が保護されている著作物です．
　本書の全部または一部につき，無断で次に示す〔　〕内のような使い方をされると，著作権等の権利侵害となる場合があります．また，代行業者等の第三者によるスキャンやデジタル化は，たとえ個人や家庭内での利用であっても著作権法上認められておりませんので，ご注意ください．
　〔転載，複写機等による複写複製，電子的装置への入力等〕
　学校・企業・団体等において，上記のような使い方をされる場合には特にご注意ください．
　お問合せは下記へお願いします．
　〒101-8460　東京都千代田区神田錦町3-1　TEL.03-3233-0641
　　株式会社オーム社書籍編集局　（著作権担当）

はしがき

　空気線図は，空気調和技術に不可欠の基本的なツールである．いままで，その重要性にもかかわらず，空気線図に関する詳しい解説書がなかった点が，本書をまとめる動機であった．本書は，この空気線図の「読み方」「使い方」を徹底マスターすることを目標として出版されたものである．

　第1章では，湿り空気の特性をわかりやすく説明することに努めた．第2章では，基本的な空調プロセスの空気線図による表現を述べた．ユニークな点として，各種温熱環境指標を空気線図に表現したことを挙げることができる．第3章では，各種空調機器のプロセスを空気線図との関係で解説した．機器の原理や設計のポイントがよくわかるであろう．第4章では，空調システムのプロセスを空気線図で説明することにより，システムの理解が進むことをねらいとした．この両章ともに，定常時のみならず負荷変動の場合にも配慮し，制御問題の基本についても記述している．

　いずれも，例題を多く挿入し，それを自分で追いかけることにより，理解が具体的かつ完全なものになることをねらっている．

　また側注には，「ポイント」「メモ」，本文中には「Column」を数多く挿入し，記述にメリハリを持たせ，楽しく学習できるように努めた．

　「ポイント」は最重要項目であり，基本のチェックにはこの項目を読めばよいようにした．「メモ」は少し詳しい補足説明であり，一歩進んだ知識が挙げられている．「Column」は関連する話題であり，楽しく関連知識が深まることをねらっている．

　本書が，空調関連技術者や学生の実力向上に寄与すれば幸いである．

1998年8月

「湿り空気線図」編集小委員会
主査　水野　稔

改訂にあたって

　空気線図は，いろいろな空調単位操作機器を通して，湿り空気の状態がいかに変化し，エネルギーが消費されるかを簡便に理解することができる．本書は空気線図だけでなく，線図を用いてさまざまな空調システムの理解の支援を目的とするものでもある．空気線図は，空調技術者にとって，必要不可欠の最重要ツールといっても過言ではない．

　多くの方にご利用いただいた初版の発行後20年以上が経ち，改訂版を出すこととなった．改訂の主なポイントを以下に示す．

1. 環境・エネルギー問題の深刻化と空調技術者の貢献への期待に配慮

　この20年の間に，エネルギーと環境をめぐる状況は大きく変化した．例えば，「地球温暖化問題」の深刻化がある．この関連で，「室内温暖化」対応だけでなく，「都市温暖化」や「地球温暖化」に対する空調技術者の貢献への期待が高まっている．また，「熱的快適性」のみならず「熱中症リスク」も重要課題化してきた．これらに関する記述を増やすなど配慮した．

2. 省エネ関連情報の重視

　前項の最大の具体例として，省エネに対する社会的要請がますます大きくなっている．省エネに関連した記述を増やした．

3. 新しいシステムの解説を重視

　20年が経過して，新しい空調システムも登場してきている．このような点に配慮した．

4. 設計(最大負荷)時だけでなく制御(部分負荷)時の湿り空気の状態変化なども重視

5. 完全 SI 化に対応

6. 失敗事例，環境・エネルギー問題など，コラム記事の充実

7. 湿り空気に関わる水分移動を伴う伝熱に関する新しい章の創設

　初版の出版後に，「水分移動を伴う伝熱の解説もして欲しい」との要望があった．なお，「空気線図の有用性」と「水分移動を伴う伝熱の知識の必要性」には，次のような相違がある．

a. 空調システムの設計における空気線図の有用性

　空気線図では，伝熱の知識がなくても，湿り空気の状態①から状態②への変化に必要な機器容量などを知ることができる．これをもとに，必要な単位操作機器を組み合わせれば空調システムの骨子が設計できる．また，ある状態の湿り空気に加熱・冷却量，加湿・減湿量を与えたときの状態を線図上で知り，プロセスの全体を理解することも容易である．

b. 単位操作機器の設計と性能予測における水分移動を伴う伝熱の知識の必要性

　空調関連の単位操作機器の設計に関して（設計問題）は，水分移動を伴う伝熱の知識が不可欠である．また，ある状態の湿り空気を任意条件の機器に通したときの出口状態を知りたい場合（性能予測問題）にも，この知識は不可欠である．

　前者は空調システムの設計・計画の，後者は空調機器メーカーの技術者に必要な知識といえる．したがって，技術領域の点からは，両者は別の書籍で扱うべきとの考え方もできる．

　しかし，本書では空気線図の解説だけでなく，機器の解説も行っているし，湿球温度や顕熱・潜熱移動の理解にも，水分移動を伴う伝熱問題は深く関係している．したがって，改訂版では，空調システム技術者がもつべき，これら伝熱の基礎について，新たな章を設け解説した．

2019年10月

「空気線図の読み方・使い方」改訂小委員会

主査　水野　稔

Contents

第1章
乾き空気と湿り空気

1・1 混合気体としての空気 　　2
1・2 乾き空気と湿り空気の物理的性質 　　7
1・3 乾湿球温度および湿度の表し方 　　10
1・4 湿り空気線図（＝空気線図） 　　14

第2章
空調プロセスの湿り空気線図上での表現

2・1 単位操作の空気線図上での表現 　　24
2・2 空調プロセスの空気線図上での表現 　　36
2・3 湿り空気関連現象 　　41
2・4 快適温熱環境 　　43

第3章
空気調和システムと空気線図

3·1 空調方式と空気線図 54

3·2 温湿度制御と空気線図 70

3·3 空調関連機器の選定 77

第4章
空気調和システムの応用

4·1 代表的な空調システムの構成 108

4·2 空調システムの応用例 110

第5章
湿り空気関連の熱および水分伝達の基礎

5·1 熱移動と物質移動の概要 124

5·2 壁面と空気の間の熱伝達と水分伝達の計算 127

5·3 水面と空気の間の熱移動計算 131

5·4 熱通過の計算 133

5·5 熱交換器に関する伝熱計算 136

第 1 章

乾き空気と湿り空気

1・1 混合気体としての空気

(1) 大気と空気

地球を取り巻く気体を地球**大気**といい，地表より対流圏，成層圏，中間圏，熱圏，外気圏と分けることができる．外気圏は上空約 10 000 km の高さにまで達する．大気層の構造を図 1.1 に示す．

> **大気**
> 地球の表面を層状に取り巻いている気体．太陽からの有害な紫外線を遮り，宇宙への熱の放散を防ぐ．

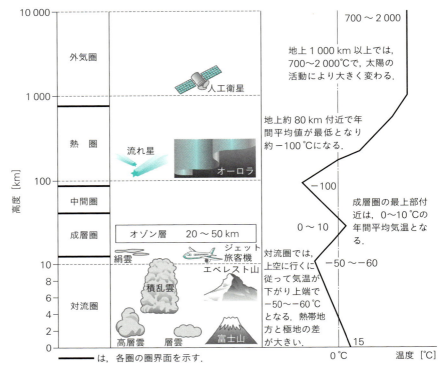

図 1.1 **大気層の構造**

地表から中間圏までの約 80 km の高さの大気の成分は水蒸気を除いてほぼ一定であり，ここを「均一圏」ということもある．対流圏の厚みは場所により異なり，温帯地方では約 10 km，熱帯地方では 16 km にもなる．雲は，一部（絹雲など）を除いてここに存在する．

水蒸気は 99% 以上が対流圏に存在する．この水蒸気を含む**空気**が地球を包み込む大気として存在している．

対流圏内では，平均的に高度が上がると気温は 1 km につき約 6℃ の割合で下がっていく．これを標準気温減率という．

大気圧は大気の重さであり，地上から高度が上昇するに従って低くなる．海面上 0 m での平均的な気圧 101.325 kPa を標準大気圧としている．高度 H [m] 地点での気圧は，標準大気圧を P_0 とすると次式で示される．

$$P = P_0 \times (1 - 2.2557 \times 10^{-5} \times H)^{5.2561} \qquad \cdots\cdots (1.1)$$

> **空気**
> 水蒸気を含む湿り空気のことをいう．人間生活に欠かせない，身近な気体である．湿度の多少は，気象状態に大きく影響し，人の生活に密接な関係がある．

Exercise 1.1
高さ 3 000 m 地点の気圧と,気圧が標準大気圧の半分以下になる高さを求めよ.

Answer
高さ 3 000 m 地点の気圧は,
$$P = 101.325 \times (1 - 2.2557 \times 10^{-5} \times 3\,000)^{5.2561} = 70.108 \text{ kPa}$$
標準大気圧の半分以下になるのは,
$$50.663 = 101.325 \times (1 - 2.2557 \times 10^{-5} \times H)^{5.2561} \text{ より,}$$
$$H = 5\,477 \text{ m}$$

Column オゾン層破壊から温室効果ガス削減へ

オゾン層は,地上 20〜50 km 付近にあり,太陽の光に含まれる人体や生態系に有害な紫外線を遮断し,地上を守っている.オゾン層破壊の原因となるフロンガスは,紫外線を地上に到達させることで,生物細胞の遺伝子(DNA)に影響を及ぼし,皮膚ガンや白内障の症状がでるリスクを高める.フロンガスはエアコン,冷蔵庫などの冷媒やプリント基板の洗浄剤,スプレー缶の噴射剤などに使われている.

20 世紀後半にフロンがオゾン層を破壊するという認識が広まり,「特定フロン」と呼ばれる種類は全廃することとなった.代替として塩素を含まずオゾン層に影響を与えない「代替フロン」が使用されるようになったが,二酸化炭素の数百〜数万倍と比較にならないほどの大きな温室効果のある物質であった.COP21 にてパリ協定が採択されたことを受け,日本は 2030 年度の温室効果ガス排出を 2013 年度に比べ 26% 削減する目標を掲げ,さらに 21 世紀末までに温室効果ガスの排出を実質ゼロにすることを目指している.これにより冷媒は,ノンフロン化による低オゾン破壊係数(OPP)の追求のみから地球温暖化係数(GWP)の低いものが求められており,自然界に存在するアンモニア,二酸化炭素,水,空気などを利用して,生成から消滅までオゾン層破壊がなく,地球温暖化係数もきわめて小さい自然冷媒などの新冷媒を普及させることが必要になっている.

オゾン層破壊係数(ODP)
特定フロンの一つである冷媒 R11(CFC-11)を基準値(=1)とした場合,大気中に放出された単位重量当たりの物質がオゾン層に与える破壊効果を相対値とした値.

地球温暖化係数(GWP)
二酸化炭素を基準値(=1)とした場合,その物質の大気中における単位濃度当たりの温室効果の 100 年間の強さを相対値とした値.

二酸化炭素(CO_2)
炭酸ガスともいう.無色,無臭で大気中の体積比は,約 0.03%(300 ppm)であるが,近年増加傾向にあり,温室効果による地球温暖化問題が取り上げられている.

(2) 空気の組成

表 1.1 に乾き空気の組成を示す．空気の主成分は，窒素 N_2，酸素 O_2 であり，ほかに，アルゴン Ar，二酸化炭素 CO_2 がある．その他，ネオン Ne，ヘリウム He，クリプトン Kr などを含んでいる．空気中に含まれる水蒸気量は，温度によって大きく変わるために，水蒸気を全く含まない空気を**乾き空気**，水蒸気を含む空気を**湿り空気**として考えると便利である．

> **乾き空気**
> 乾き空気は，水蒸気を含まない空気である．水蒸気分圧はもちろん 0 (ゼロ) である．

表 1.1 乾き空気の主な組成

気体名	記号	分子量	体積百分率 [%]	重量百分率 [%]
窒素	N_2	28.013	78.09	75.53
酸素	O_2	31.999	20.95	23.14
アルゴン	Ar	39.948	0.93	1.28
二酸化炭素	CO_2	44.010	0.03	0.05

主成分の大半を占める窒素は，無色，無味，無臭の毒性のない気体である．常温で不活性であり，燃焼や呼吸においては酸素の希釈剤の役割を果たしている．

酸素は，無色，無臭の気体であり，1 分子当たり 2 個の原子を含む O_2 として存在するが，1 分子当たり 3 個の原子を含むオゾン O_3 もある．

Column フェーン現象

フェーン現象とは，山の風下側低地の気温が風上側低地の気温より高くなることをいうが，これは空気中に含まれる水蒸気の潜熱に関係している．風上側では，湿った空気が山に沿って吹き上がるとき，圧力の低下により空気が膨張して気温が低下する．この気温低下に伴い空気中の水蒸気が凝縮し雲が発生する．このときに放出される潜熱すなわち凝縮熱により空気は温められるため，気温は湿潤断熱減率すなわち 1 000 m につき約 5 ℃ で低下する．一方，風下側では乾いた空気が山を吹き降りるとき，乾燥断熱減率すなわち 1 000 m につき約 10 ℃ で昇温する．これにより，風下側低地の気温は風上側低地より高くなる．なお，風上側で雲が発生しないときは風上側と風下側の気温減率は同じであり，大きな気温の変化はない．

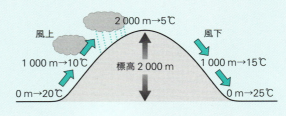

(3) 湿り空気

> **湿り空気**
> 水蒸気を含む空気を湿り空気という．

人の生活に密接な関係のある地表面付近の空気は，水蒸気を含んだ湿り空気で，水蒸気の多少が生活環境に大きく影響している．

湿り空気の状態を表すものに，乾球温度，湿球温度，露点温度，相対湿度，絶対湿度，比較湿度，飽和温度，比体積，エンタルピー，水蒸気分圧，などが

ある．普通全圧（大気圧）を与えて，このうちの二つを決めると残りの湿り空気の状態量は決まる．

乾き空気と水蒸気が混じり合っている状態が，普段空気として扱っている湿り空気であり，そのイメージは図1.2のようになる．湿り空気を分類すると，「**乾き空気**」，「**飽和空気**」，「**不飽和空気**」，「**霧入り空気**」，「**雪入り空気**」がある．

飽和空気
ある温度において，含むことのできる限界までの水蒸気を含んだ湿り空気をいう．相対湿度や飽和度は，100%である．

不飽和空気
普段接している空気は，不飽和空気である．

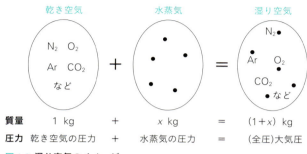

図1.2 湿り空気のイメージ

（4）気体の法則

a．ボイルの法則とシャルルの法則

ボイルの法則は，一定の温度のとき，一定量の気体の体積 V は圧力 P の大きさに反比例する．気体に圧力 P をかけるほど，体積は小さくなる．

$$PV = k \quad (k \text{は定数}) \quad \cdots\cdots(1.2\text{a})$$

すなわち，変化の前の状態①に添え字 "1"，変化後に "2" をつけると

$$P_1 V_1 = P_2 V_2 \quad \cdots\cdots(1.2\text{b})$$

シャルルの法則は，一定の圧力のとき，一定量の気体の体積は，絶対温度に比例し，温度が上昇するほど気体の体積が大きくなる．

$$V = kT \quad (k \text{は定数}) \quad \cdots\cdots(1.3\text{a})$$

同様に変化の前後に対して

$$V_1 / T_1 = V_2 / T_2 \quad \cdots\cdots(1.3\text{b})$$

となる．なお，T は絶対温度[K]であり，摂氏温度 t[℃]とは，次の関係がある．

$$T = t + 273.15 \quad \cdots\cdots(1.4)$$

シャルルの法則は気体の熱膨張について表した法則でもある．温度が変化すると，それに応じて物体の体積も変化する．この体積の変化率を体膨張率といい，単位は1/Kである．シャルルの法則を微分表示すると，

$$dV = k dT$$

これと式(1.3a)から，$dV/V = dT/T$　すなわち，体膨張係数 β[1/K]は次式となる．

$$\beta = (dV/dT)/V = 1/T$$

ボイルの法則とシャルルの法則をまとめた法則は，次式の**ボイル-シャルルの法則**である．

$$V = k \frac{T}{P} \quad \cdots\cdots(1.5)$$

ボイルの法則
温度が一定な状態では 　$PV = $ 一定 となる．

シャルルの法則
圧力が一定な状態では， 　$V/T = $ 一定 となる．

絶対温度（T）
$T = t + 273.15$

ボイル-シャルルの法則
$V = k(T/P)$

b. ダルトンの分圧の法則 (混合気体の全圧と分圧の関係)

混合気体が容器に及ぼす圧力を全圧 P, 各成分気体が分担する圧力 p_1, p_2, p_3, …を各成分気体の**分圧**という．気体を混合したとき，その間に化学変化が起こらなければ，混合後の全圧は，それぞれ気体が単独であるときの気体の分圧の和に等しい．すなわち，混合して体積を等しく保つとき，混合後の全圧 P には，次式が成り立つ．

$$P = p_1 + p_2 + p_3 + \cdots \cdots \qquad \cdots\cdots (1.6)$$

これを**ダルトンの分圧の法則**という．湿り空気について当てはめると，

(全圧 P) = (乾き空気の圧力 P_a) + (水蒸気の圧力 P_w)　となる．

c. 状態方程式

状態量は，気体の状態を決める物理量であり，代表的なものに圧力 P, 体積 V, 温度 T がある．その他，エンタルピー H, 内部エネルギー U なども状態量である．状態量は二つを決めると他のすべてが決まる．

状態量間の関係式は状態方程式と呼ばれる．最も基本的なものとして，前述した次式のボイル－シャルルの法則がある．

$$PV = mRT \qquad \cdots\cdots (1.7)$$

この式は，理想気体に対して成立するが，空気調和で対象とするような温度，圧力の湿り空気に対しても実用上十分な精度で成立する．m は気体の質量 [kg] である．R はガス定数 [kJ/(kg·K)] と呼ばれ，気体固有の値である．代表的な気体のガス定数を**表** 1.2 に示す．

理想気体のガス定数 R には，次の一般的な関係がある．

$$MR = R_0 \qquad \cdots\cdots (1.8)$$

M はガスの分子量 [kg/kmol] であり，R_0 は一般ガス定数と呼ばれる一定値 [= 8.3143 kJ/(kmol·K)] である．

> **理想気体の状態方程式**
> $PV = mRT$
>
> **ガス定数 R と一般ガス定数 R_0**
> $MR = R_0$
>
> **ガス定数の物理的な意味**
> 圧力一定の下で 1 kg のガスの温度を 1 K (ケルビン) 上昇させるとき，膨張により外部の大気を押しのける仕事がガス定数である．後述の定圧比熱と定容比熱の差がガス定数である．

表 1.2　ガス定数の例

気体名	ガス定数 [kJ/(kg·K)]	分子量 [kg/kmol]	気体名	ガス定数 [kJ/(kg·K)]	分子量 [kg/kmol]
乾き空気	0.28706	28.96	酸素	0.25983	31.999
水蒸気	0.46152	18.02	アルゴン	0.20813	39.948
窒素	0.29680	28.013	二酸化炭素	0.18892	44.010

Exercise 1.2
乾き空気を窒素，酸素，アルゴン，二酸化炭素の混合気体としてガス定数を求めよ．
それぞれのガス定数を 0.297 kJ/(kg·K), 0.260 kJ/(kg·K), 0.208 kJ/(kg·K), 0.189 kJ/(kg·K) とし，重量組成は**表** 1.1 を使う．

Answer 1
それぞれのガス定数と重量割合により求めることができる．乾き空気のガス定数を R_a とすれば

$$R_a = 0.297 \times 0.7553 + 0.260 \times 0.2314 + 0.208 \times 0.0128 + 0.189 \times 0.0005$$
$$= 0.287 \text{ kJ/(kg·K)}$$

Answer 2
前頁に示したガスの分子量 M [kg/kmol] と一般ガス定数 R_0 [kJ/(kmol·K)] の相互関係を利用して，乾き空気の分子量を求めてからガス定数を求めることができる．乾き空気の分子量を M_a=28.9645 kg/kmol として，乾き空気のガス定数は，

R_a=8.3143/28.9645＝0.287 kJ/(kg·K)

1·2 乾き空気と湿り空気の物理的性質

（1）乾き空気の状態量と比熱

a．密度と比容積

単位体積当たりの質量を**密度**といい，ρ [kg/m³] で表す．単位質量当たりの体積を**比容積**といい，v [m³/kg] で表すと

$\rho = 1/v$ ……(1.9)

の関係がある．

標準大気圧での乾き空気の密度と温度の関係を**表 1.3** に示す．標準状態（1気圧，0℃）の乾き空気の密度は 1.293 kg/m³ で，温度上昇に従って小さくなる．

式(1.7)から乾き空気の比容積 v [m³/kg(DA)] は，次式より求めることができる．

$v = R_a \dfrac{T}{P}$ ……(1.10)

密度 ρ

単位体積当たりの質量をいい，単位は [kg/m³] で表す．湿り空気は，水蒸気の含む量が増えると軽くなり，密度は減少する．

比容積 v

単位質量当たりの容積をいい，単位は [m³/kg] で表す．

表 1.3 乾き空気の密度と温度の関係（標準大気圧）

温度 [℃]	密度 [kg/m³]	温度 [℃]	密度 [kg/m³]
0	1.293	40	1.127
5	1.270	45	1.110
10	1.247	50	1.092
15	1.225	55	1.076
20	1.205	60	1.060
25	1.184	65	1.044
30	1.165	70	1.029
35	1.146	75	1.014

b．比熱

物体の**単位質量当たりの熱容量**のことをいう．すなわち 1 kg の物質の温度を 1℃だけ高めるのに要する熱量である．単位は [kJ/(kg·K)] である．

体積一定の条件下での比熱を**定容比熱**といい，c_v で表す．一定圧力のもとでの比熱を**定圧比熱**といい，c_p で表す．

固体や液体では，定圧比熱と定容比熱の区別はいらないが，気体ではその差が大きいために気をつける必要がある．

二つの比熱を比べると，体積膨張による外部仕事が生じる分，常に定圧比熱が大きい．乾き空気の比熱には，

比熱 c

1 kg の物質の温度を 1℃だけ高めるのに要する熱量のことをいう．

定容比熱 c_v

体積一定での比熱

定圧比熱 c_p

圧力一定での比熱

定圧比熱：$c_p = 1.006$ kJ/(kg·K)
定容比熱：$c_v = 0.716$ kJ/(kg·K)

が使われる．

定圧比熱 c_p と定容比熱 c_v の比を**比熱比**といい，κ で表す．

$$\kappa = c_p/c_v \qquad \cdots\cdots (1.11)$$

乾き空気に対して，

$$\kappa = 1.006/0.716 = 1.405$$

比熱比 κ は，同じ原子数の気体分子に対しては，ほぼ等しい値となる．

単原子分子の気体（ヘリウム He，アルゴン Ar など）　$\kappa \fallingdotseq 1.66$
2原子分子の気体（水素 H_2，酸素 O_2 など）　$\kappa \fallingdotseq 1.40$
3原子以上の気体（二酸化炭素 CO_2 など）　$\kappa \fallingdotseq 1.33$

空気は混合気体であるが，大半が N_2，O_2 であるので2原子分子の気体と同じとしてよい．

c．エンタルピー

空気調和が対象とする空気の変化プロセスでは，エネルギーの保存則を次式に示す**エンタルピー**を用いることによって成立させることができる．

$$H = U + PV \qquad \cdots\cdots (1.12)$$

ここに，H：エンタルピー[kJ]
U：内部エネルギー[kJ]（分子の運動エネルギー）
P：圧力[kPa]
V：体積[m^3]

すなわち，**エネルギー保存則**は次式となる．

$$H_2 - H_1 = Q - W_t \qquad \cdots\cdots (1.13)$$

ここに，H_2：ある変化後の空気のエンタルピー[kJ]
H_1：ある変化前の空気のエンタルピー[kJ]
Q：変化のプロセスで空気に加えられた熱量[kJ]
W_t：変化のプロセスで空気から外へ取り出した仕事（工業仕事）[kJ]

空気のもつ熱量は，正しくは内部エネルギー U であるが，空気は膨張・収縮するため，このためのエネルギーを考慮したエンタルピーを空気のもつ熱量として考える必要がある．単位質量当たりのエンタルピーを**比エンタルピー**といい，h で表す．比エンタルピーの単位は，[kJ/kg(DA)]である．エンタルピーは $t = 0$℃の値を0とすると，定圧比熱から次式で求められる．

$$H = mc_p t \qquad \cdots\cdots (1.14)$$

m は質量[kg]である．比エンタルピーは次式となる．

$$h = c_p t \qquad \cdots\cdots (1.15)$$

乾き空気の場合定圧比熱が 1.006 kJ/(kg·K)であり，0℃の乾き空気のエンタルピーを0とするため，t[℃]の乾き空気の比エンタルピー h_a[kJ/kg]は次式となる．

$$h_a = 1.006 t \qquad \cdots\cdots (1.16)$$

(2) 湿り空気の状態量と比熱

a．密度と比容積

湿り空気の場合，含まれる水蒸気の量によって密度は変化する．乾き空気の

エンタルピー H

空気のもつ熱量は内部エネルギーであるが，空気は膨張や収縮をするため，このためのエネルギーを考慮した空気のもつ状態量としてエンタルピーがある．[kJ]で表す．

比エンタルピー h

乾き空気1kg当たりのエンタルピーで，[kJ/kg(DA)]で表す．

エンタルピーの差

エンタルピーは定圧比熱による熱量となるので，変化の前後のエンタルピーの差は
$H_2 - H_1 = mc_p (T_1 - T_2)$
と表すことができる．m は質量，c_p は定圧比熱である．

分子量は 28.96 kg/kmol であり，水蒸気の分子量は 18.02 kg/kmol である．したがって，水蒸気を多く含むほど乾き空気がその分減るため密度は減少し，比容積は増加する．

湿り空気の比容積 v [m³/kg(DA)] は，次式より求めることができる．

$$v = 0.00455(0.622 + x)T(P_0/P) \quad \cdots\cdots (1.17)$$

ここに，x：絶対湿度 [kg/kg(DA)]，T：絶対温度 [K]，P：全圧 [kPa]，P_0：標準大気圧 [kPa] である．

例えば，標準大気圧で $t=25$℃の乾き空気の密度は，表 1.3 より 1.184 kg/m³ であり，比容積は，0.8446 m³/kg である．式(1.17)から，この乾き空気が 0.005 kg の水蒸気を含むと比容積は，0.851 m³/kg(DA) となり，0.015 kg の水蒸気を含むと比容積は，0.865 m³/kg(DA) となる．

b．比熱

湿り空気の定圧比熱 [kJ/[kg(DA)·K]] は，次式により求めることができる．

$$c_p = c_{pa} + xc_{pw} \quad \cdots\cdots (1.18)$$

ここに，c_{pa}：乾き空気の定圧比熱 [=1.006 kJ/(kg·K)]
　　　　c_{pw}：水蒸気の定圧比熱 [=1.805 kJ/(kg·K)]
　　　　x：絶対湿度 [kg/kg(DA)]

c．エンタルピー

湿り空気の比エンタルピー [kJ/kg(DA)] は，乾き空気 1 kg(DA) の比エンタルピー h_a と x [kg] の水蒸気のエンタルピーの和であるので，次式のように表すことができる．

$$h = h_a + xh_w \quad \cdots\cdots (1.19)$$

ここに，h_w = 水蒸気の比エンタルピー [kJ/kg]

ある温度 t [℃] の水蒸気の比エンタルピー h_w は，蒸気表から求めることができる．蒸気表とは，温度や，圧力を基準にして飽和蒸気の状態値を数表にまとめたものである．表 1.4 に温度基準の蒸気表の一部を示す．

蒸気表には，圧力変化を基準にしたものもある．また，0℃の飽和水のエンタルピーを 0 と定めているため，0℃の水の蒸発潜熱 2 501 kJ/kg と水蒸気の定圧比熱 1.805 kJ/(kg·K) から，次式で求めることもできる．

$$h_w = 2\,501 + 1.805t \quad [\text{kJ/kg}] \quad \cdots\cdots (1.20)$$

式(1.20)を用いると，温度 t [℃]，絶対湿度 x [kg/kg(DA)] の湿り空気のエンタルピーは次式で求められる．

$$h = 1.006t + x(2\,501 + 1.805t) \quad \cdots\cdots (1.21)$$

式(1.17)の定数
$0.004555 = R_w/P_0$
$0.622 = M_w/M_a = R_a/R_w$
ここで，
M_a：乾き空気の分子量
M_w：水蒸気の分子量
R_a：乾き空気のガス定数
R_w：水蒸気のガス定数

絶対湿度 x
1 kg の乾き空気に含まれる水蒸気量 [kg] であり，後述する．

表 1.4 蒸気表（飽和蒸気表）

温度 t [℃]	飽和圧力 p_s [kPa]	飽和蒸気の比容積 v_s [m³/kg]	比エンタルピー h	
			飽和水の h [kJ/kg]	飽和蒸気の h [kJ/kg]
0	0.6112	206.3	−0.042	2 501.6
10	1.228	106.4	41.99	2 477.9
20	2.339	57.84	83.86	2 454.3
30	4.246	32.93	125.7	2 430.7
40	7.383	19.55	167.5	2 406.9
50	12.35	12.05	209.6	2 382.9

> **Exercise 1.3**
> 絶対湿度 $x=0.01$ [kg/kg(DA)]の湿り空気に対して乾球温度が $t=26℃$ であるときの比エンタルピーを求めよ.

Answer

乾球温度が $t=26℃$ であるので,式(1.21)から求める.

$$h=h_a+xh_w=1.006t+0.01(2\,501+1.805t)$$
$$=51.6 \text{ kJ/kg(DA)}$$

d. 空気表

湿り空気のいろいろな状態値を一つの数表にまとめたものが空気表であり,表 1.5 にその一部を示す.表は,標準大気圧 101.325 kPa における乾き空気と飽和空気の状態値を示している.

表 1.5 標準大気圧($P=$ 101.325 kPa) 湿り空気表

温度 t [℃]	飽和空気 絶対湿度 x_s [kg/kg(DA)]	比エンタルピー h_s [kJ/kg(DA)]	比容積 v_s [m³/kg(DA)]	乾き空気 比エンタルピー h_s [kJ/kg(DA)]	比容積 v_s [m³/kg(DA)]	飽和水蒸気圧 p_s [kPa]
−10	0.001606	−6.072	0.7469	−10.06	0.7450	0.2599
−5	0.002486	1.163	0.7622	−5.029	0.7592	0.4018
0	0.003790	9.473	0.7781	0.000	0.7734	0.6112
5	0.005424	18.64	0.7944	5.029	0.7876	0.8725
10	0.007661	29.35	0.8116	10.06	0.8018	1.228
15	0.01069	42.11	0.8300	15.09	0.8160	1.705
20	0.01476	57.55	0.8498	20.12	0.8302	2.339
25	0.02017	76.50	0.8717	25.15	0.8444	3.169
30	0.02733	100.0	0.8962	30.19	0.8586	4.246
35	0.03675	129.4	0.9242	35.22	0.8728	5.628
40	0.04914	166.7	0.9568	40.25	0.8870	7.383
45	0.06541	214.2	0.9955	45.29	0.9012	9.593
50	0.08685	275.3	1.043	50.33	0.9154	12.35

p_s について
注)表 1.5 の p_s と表 1.4 の飽和蒸気圧 p_s は同じ値である.

1・3 乾湿球温度および湿度の表し方

(1) 乾球温度と湿球温度

a. 乾球温度

普通,気温といえば,乾球温度のことをいう.乾いた感温部をもつ温度計(乾球温度計)で測った温度で,周囲からの放射熱を受けない状態で測定する.

乾球温度 t
普通,気温といえば,乾球温度のことである.

b. 湿球温度

感温部を布で包み,その一端を水につけて,感温部が湿っている状態で使う湿球温度計で測った温度を湿球温度という.感温部表面での水蒸気分圧と空気中の水蒸気分圧の差による水分の蒸発があるため,蒸発の潜熱が水から空気へ

湿球温度 t'
感温部が湿った状態で測定する.

移動する．そのために湿球温度計の温度が下がり，空気から感温部への熱伝達が生じる．熱伝達の熱量と蒸発の熱量が釣り合って湿球温度が一定となる．周囲空気が風速 5 m/s 以上であれば，そのときの湿球温度は下記の断熱飽和温度とみなすことができる．空気が乾いていると，水が蒸発する割合が高くなり，乾球温度と湿球温度の差が大きくなる（第 5 章に伝熱の詳しい解説がある）．

例えば，乾球温度 26℃ で，相対湿度が 70% であれば，湿球温度は 22℃ である．相対湿度が 50% であれば，湿球温度は 19℃ である．

Column 乾湿球温度計

乾湿球温度計には，普段見かけるオーガスト式タイプのものと室内環境の測定用として使われるアスマン式のものがある．前者は簡便であるが誤差は大きい．後者のほうが正確である．アスマン式は，ファンによる空気の吸引で，感温球に気流を与えると同時に感温球がクロムめっきの筒に入れられ，熱放射の影響に配慮されている．

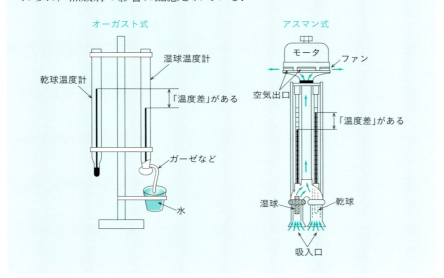

また，一定圧力のもとでの断熱飽和過程で，ある一定温度 t' の水（または氷）が乾球温度 t，絶対温度 x，比エンタルピー h の空気中に蒸発し，空気がその水（または氷）と同じ温度の飽和空気になる場合，その温度 t' を断熱飽和温度あるいは熱力学的湿球温度という．t' は次式の解として求められ，飽和空気は $t'=t$，不飽和空気は常に $t'<t$ となる．

$$h - h_s' = (x - x_s') h_c' \qquad \cdots\cdots (1.22)$$

ここに，h_s'：温度 t' の飽和空気の比エンタルピー
 x_s'：温度 t' の飽和空気の絶対湿度
 h_c'：温度 t' の水（または氷）の比エンタルピー

(2) 湿度の表し方

湿り空気中に含まれる水蒸気の量を示す指標を表 1.6 に示す．

表 1.6 湿度の表示

指 標	記号	単 位	定 義
絶対湿度	x	kg/kg(DA)	湿り空気中の水蒸気の乾き空気に対する質量比（$x=0$：乾き空気）（$x=x_s$：飽和空気）
水蒸気分圧	p_w	kPa	湿り空気中の水蒸気のみが示す圧力（$p_w=0$：乾き空気）（$p_w=p_{ws}$：飽和空気）
相対湿度	ϕ	%	水蒸気分圧の，それと同じ温度の飽和空気の水蒸気分圧に対する割合
飽和度（比較湿度）	ψ	%	空気の絶対湿度 x の，それと同じ温度の飽和空気の絶対湿度 x_s に対する割合
露点温度	t''	℃	ある空気に対して，同じ水蒸気分圧をもつ飽和空気の温度
湿球温度	t'	℃	乾球温度計の感熱部を布で包み，水で湿らせた状態で測った温度

a. 絶対湿度 x

> **絶対湿度 x**
> 湿り空気中に含まれる水蒸気の量を，乾き空気1 kg に対する比として表す．[kg/kg(DA)] で表す．

乾き空気1 kg 当たり x[kg]の水蒸気量が含まれているとき，x[kg/kg(DA)]を絶対湿度という．乾き空気は $x=0$ である．

b. 水蒸気分圧 p_w

湿り空気は，乾き空気と水蒸気の混合気体であり，大気圧は，

（大気圧）＝（乾き空気の分圧）＋（水蒸気の分圧）

で表される．水蒸気量が増えると水蒸気分圧も大きくなるが，空気が含むことのできる水蒸気量には限度があり，ある温度の空気が，含むことのできる限界まで水蒸気を含んでいる場合の空気を飽和空気という．飽和空気よりも水蒸気量の少ない湿り空気を不飽和空気という．乾き空気は $p_w=0$ である．

絶対湿度と水蒸気分圧の関係は，空気も水蒸気も，式(1.7)のボイル-シャルルの法則の成立する理想気体と仮定できるので，絶対湿度 x と水蒸気分圧 p_w との関係は，次式で示される．

$$x=\frac{R_a}{R_w}\times\frac{p_w}{P-p_w}=0.622\times\frac{p_w}{P-p_w} \quad \cdots\cdots(1.23)$$

ここに，R_a：乾き空気のガス定数[$=0.2870$ kJ/(kg・K)]
　　　　R_w：水蒸気のガス定数[$=0.4615$ kJ/(kg・K)]

Exercise 1.4

標準大気圧（101.325 kPa）において，25℃の飽和空気の絶対湿度 x_s を求めよ．

Answer

蒸気表より，25℃の飽和水蒸気分圧 $p_{ws}=3.166$ kPa を求め，式(1.23)から飽和空気の絶対湿度 x_s を求める．

$$x_s=0.622\times\frac{3.166}{101.325-3.166}=0.0201 \text{ kg/kg(DA)}$$

c. 相対湿度 ϕ

> **相対湿度 ϕ**
> ϕ（ファイ）：ある状態の水蒸気分圧が，同じ温度における飽和空気の水蒸気分圧のどれだけの割合であるかを百分率で示したものである．湿度何％という場合は，この相対湿度をいうことが多い．

湿り空気の水蒸気分圧の，同じ温度における飽和空気の水蒸気分圧に対する割合を百分率で表したものをいう．感覚的な湿度表示に用いられ，日常生活で湿度といえば，相対湿度のことをいう場合が多い．相対湿度は次式で示される．

$$\phi = \frac{p_w}{p_{ws}} \times 100 \ [\%] \qquad \cdots\cdots (1.24)$$

ここに，p_w：空気の水蒸気分圧[kPa]
　　　　p_{ws}：同じ温度の飽和空気の水蒸気分圧[kPa]

Exercise 1.5
標準大気圧（101.325 kPa）において，乾球温度が30℃で，相対湿度が60%である湿り空気の水蒸気分圧を求めよ．

Answer
空気表（**表 1.5**）より，30℃の飽和水蒸気分圧 p_{ws}=4.246 kPa を求め，式(1.24)の変形式である

$$p_w = \frac{\phi}{100} \times p_{ws}$$

に代入すると，p_w＝(60/100)×4.246＝2.548 kPa

d. 飽和度（比較湿度）ψ

絶対湿度 x の，その温度における飽和空気の絶対湿度 x_s に対する割合を飽和度または比較湿度といい，百分率で表す．飽和度は，次式で示される．

$$\phi = \frac{x}{x_s} \times 100 \ [\%] \qquad \cdots\cdots (1.25)$$

相対湿度と飽和度は，温度が高くなると差が大きくなるが，常温付近では，ほぼ同じ値になる．

ϕ と ψ の換算は次式で行える．

$$\phi = \frac{\psi P}{P - (1 - 0.01\psi) p_{ws}} \qquad \cdots\cdots (1.26)$$

$$\psi = \frac{\phi(P - p_{ws})}{P - 0.01\phi p_{ws}} \qquad \cdots\cdots (1.27)$$

飽和度（比較湿度）ψ

ψ（プサイ）：飽和度は，ある状態の絶対湿度の同じ温度における飽和空気の絶対湿度に対する割合（百分率）をいう．

e. 露点温度 t''

温度の高い空気は多くの水蒸気を含むことができるが，その空気の温度を下げていくと，ある温度で飽和状態に達し（相対湿度 ϕ ＝100%），さらに温度を下げると，水蒸気の一部が凝縮して露を生ずる．このときの温度を露点温度という．

露点温度は，水蒸気分圧（または絶対湿度）によって決まる．水蒸気分圧（または絶対湿度）が与えられると，それを飽和水蒸気圧（または飽和絶対湿度）とする温度が露点温度である．蒸気表または空気表から求めることができる．

湿り空気がこの温度 t'' 以下の物体に触れると，物体の表面に露または霜が発生する．

露点温度 t''

ある状態の湿り空気の温度を下げていくと，飽和状態に達する．この温度を露点温度という．

Exercise 1.6
標準大気圧（101.325 kPa）において，乾球温度が30℃で，相対湿度が60%である湿り空気（Exercise 1.5 と同じ）の露点温度を求めよ．

Answer
Exercise 1.5 より，水蒸気分圧 $p_w=2.548$ kPa である．表 1.5 の空気表の値より，20℃と 25℃の間にあることがわかり，20℃と 25℃の飽和水蒸気圧から比例配分により露点温度 t'' は

$$t''=20+\frac{2.548-2.339}{3.169-2.339}\times 5=21.3℃$$

1・4 湿り空気線図（＝空気線図）

(1) 空気線図の種類と用途

前述したように，湿り空気の状態量には，温度，湿度（相対湿度，絶対湿度など），水蒸気分圧，エンタルピーなどがある．これらの二つを決めると，他の値は計算で求めることができる．すなわち，主要な二つの状態量を座標に選べば，線図が得られる．これが湿り空気線図である．

空気線図には，絶対湿度 x と比エンタルピー h とを斜交座標にとって描いた「$h-x$ 線図」，絶対湿度 x と乾球温度 t とを直交座標にとって描いた「$t-x$ 線図」，乾球温度 t と比エンタルピー h とを直交座標にとって描いた「$t-h$ 線図」などがある．

a. $h-x$ 線図

斜軸に比エンタルピー h，縦軸に絶対湿度 x を斜交座標にとり作成された線図である．一般に「空気線図」といえば，この「$h-x$ 線図」のことである．

事務所空調のような人を対象とした保健用空気調和や，ほとんどの産業用空気調和では，極端な低温・高温の空気を扱うことはないので $-10\sim 50℃$ の温度範囲を持つもの（NC 線図と呼ばれる）で十分である．空気線図といえばこの「NC 線図」のことをいうことが多い．

NC 線図では対応できない低温域に対するものとして $t=-40\sim 10℃$，$x=0\sim 0.007$ kg/kg(DA) の LC 線図がある．また，高温域に対するものとして $t=0\sim 120℃$，$x=0\sim 0.20$ kg/kg(DA) の HC 線図がある．NC 線図を図 1.3 に，LC 線図を図 1.4 に，HC 線図を図 1.5 に示す．

$h-x$ 線図は他の線図に比べて，正確に線図を描くことができる特徴がある．乾球温度 t，湿球温度 t'，露点温度 t''，相対湿度 ϕ，比エンタルピー h，絶対湿度 x，比容積 v，水蒸気分圧 p_w の等値線が記入され，これらのうち二つの値を定めると，湿り空気線図上の状態点が決まり，残りの状態値をすべて求めることができる．

図 1.6 に $h-x$ 線図の骨子を示す．絶対湿度を縦方向に，等絶対湿度線と一定の傾きで左上より右下へ等比エンタルピー線が引いてある．0℃の乾き空気の比エンタルピーを $h=0$ kJ/kg(DA) としている．また，飽和空気の絶対湿度と温度との関係を一つの曲線で示し，これを**飽和空気線**という（相対湿度 $\phi=100$％）．この飽和空気線を基準として不飽和湿り空気の等相対湿度線を曲線で示している．

$h-x$ 線図

一般に，空気線図といえば「$h-x$ 線図」のことである．
図中で，縦軸に絶対湿度，横軸に乾球温度，斜軸に比エンタルピーをとる．

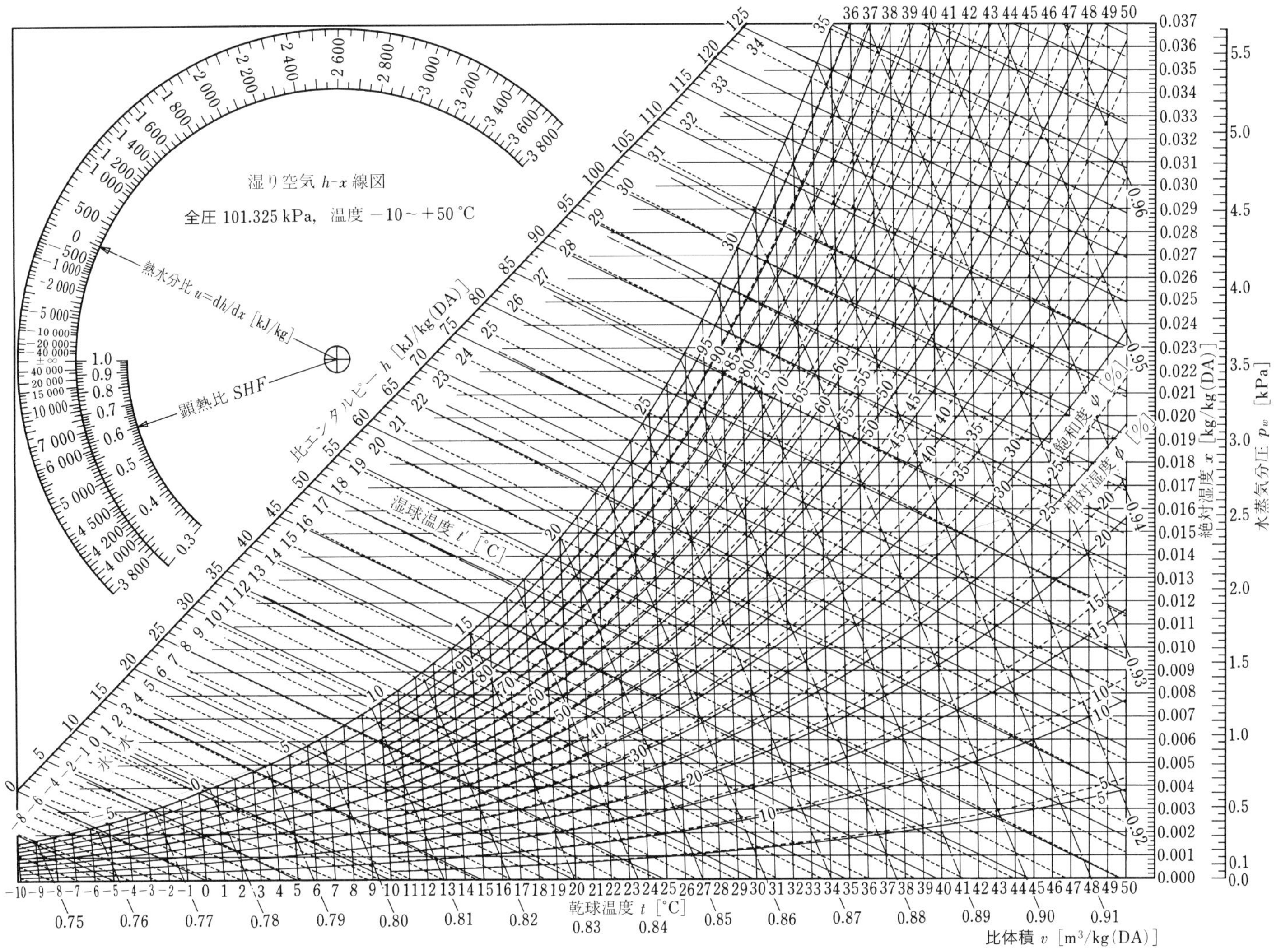

図 1.3 NC 線図(−10〜50℃)(藤田稔彦)

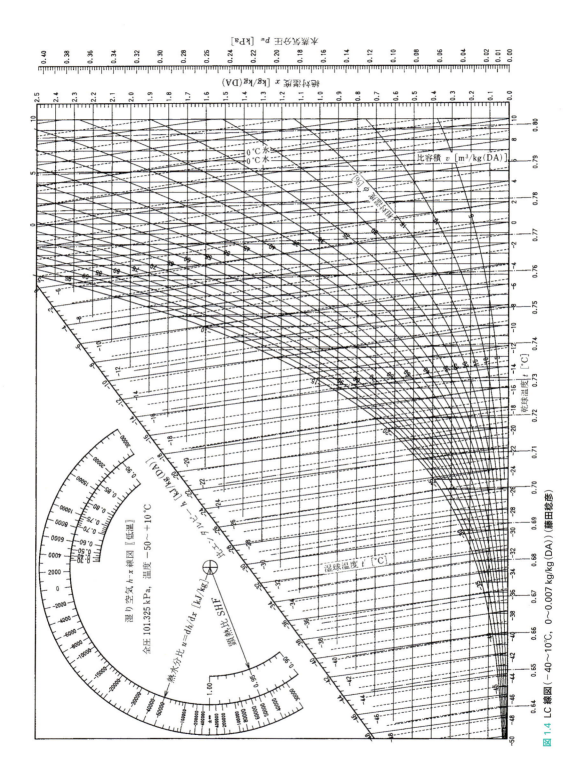

図 1.4 LC線図（−40〜10℃, 0〜0.007 kg/kg(DA)）（藤田稔彦）

1・4 湿り空気線図（＝空気線図）

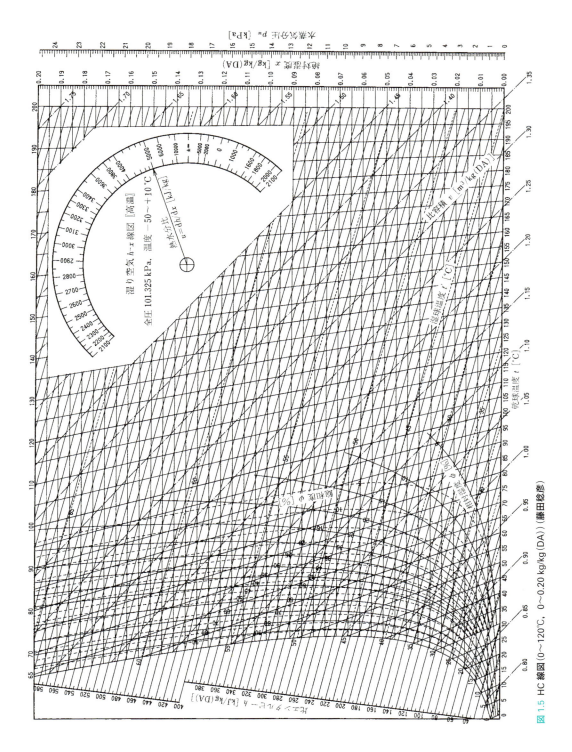

図 1.5 HC 線図 (0〜120℃, 0〜0.20 kg/kg(DA)) (藤田稔彦)

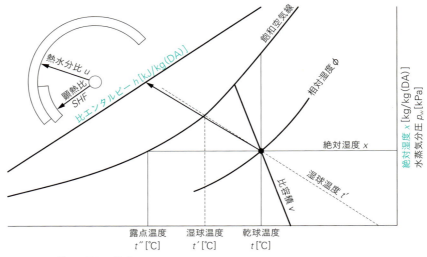

図 1.6 h–x 線図の骨子の構成

飽和空気線と各乾球温度線との交点に，$t\,[℃] = t'\,[℃]$ の湿球温度が示され，等湿球温度線が飽和空気線より右下への破線で示される．等比容積線も右下へ細線で示される．等乾球温度線は，右端の絶対湿度一定線に対して垂直な線ではなく，また，互いに平行でもない．互いに平行なのは等 h 線と等 x 線であり，これが h–x 線図と呼ばれる所以である．

b. t–x 線図

横軸に乾球温度 t，縦軸に絶対湿度 x を直交座標にとり作成された線図であり，**キャリア線図**ともいわれる．t–x 線図は，実用面で使用しやすいことに重点が置かれている．図 1.7 に示す線図の骨子や使用方法は，h–x 線図とほぼ同じであるが，等湿球温度線は等比エンタルピー線で代用している．湿球温度が同じ空気に対して，他の状態が異なっても比エンタルピーは同じ値として取り扱っている．

また，飽和空気の比エンタルピーとの差 Δh を別の曲線で示しているが，この値はごく小さいものである．比エンタルピーの差を次式に示す．

> **t–x 線図**
>
> 等湿球温度線を等比エンタルピー線で代用し，実用面での使用に重点を置いている．
>
> **t' 一定線と h 一定線の関係**
>
> h–x 線図における t' 一定線は h 一定線よりわずかに傾きが急である．この差は t' 一定変化で蒸発した水のもつエンタルピーである．

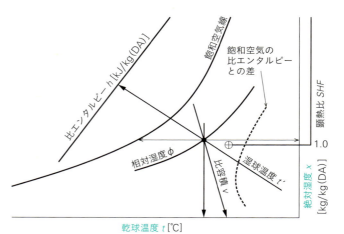

図 1.7 t–x 線図の骨子の構成

$$\Delta h = h - h_s' = (x - x_s')h_c' \quad \cdots\cdots (1.28)$$

ここに，h：乾球温度 t，絶対温度 x の湿り空気の比エンタルピー[kJ/kg(DA)]
　　　h_s'：湿球温度 t' の飽和空気の比エンタルピー[kJ/kg(DA)]
　　　x：乾球温度 t の湿り空気の絶対湿度[kg/kg(DA)]
　　　x'：湿球温度 t' の飽和空気の絶対湿度[kg/kg(DA)]
　　　h_c'：湿球温度 t' の水の比エンタルピー（$h_c' = 4.186t'$）[kJ/kg]

である．

c. t–h 線図

横軸に乾球温度 t，縦軸に比エンタルピー h を直交座標にとり作成された線図である．全圧力に対するある温度 t の飽和状態の比エンタルピーを曲線で線図上に表している．絶対湿度 x 線は，互いにほぼ平行である．図 1.8 に t–h 線図の骨子を示す．湿球温度が同じである空気の比エンタルピーは，その温度の飽和空気の比エンタルピーに等しいとしている．この t–h 線図は，空気の温湿度調整の計算や空気の状態変化を求める場合に便利である．

冷却塔やエアワッシャなどで水と空気が直接接触する場合の解析に便利であり，例えば，t–h 線図上に比エンタルピー h の空気と温度 t の水とが接触している状態（点Aとする）を表すと，図 1.9 のようになる．第5章の図 5.14 はその一例である．

> **t–h 線図**
> 乾球温度を横軸に取り，比エンタルピーを縦軸に取った直交座標の線図である．水と空気が触れあっている状態に使うと便利である．

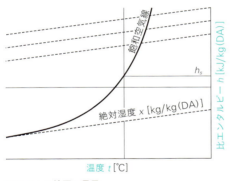

図 1.8 t–h 線図の骨子

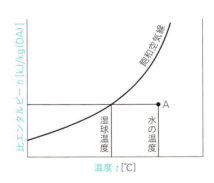

図 1.9 接触する空気と水の状態

(2) 湿り空気線図に使われている用語の補足

a. 熱水分比 u

空気の状態が変化し，そのときの熱量と絶対湿度の変化量がそれぞれ Δh，Δx であったとすると，熱水分比 u[kJ/kg]は，次式で定義される．

$$u = \Delta h / \Delta x \quad \cdots\cdots (1.29)$$

いま二つの状態の空気を考え，①の状態を $t=20\text{℃}$，$x=0.006$ kg/kg(DA)，②の状態を $t=30\text{℃}$，$x=0.014$ kg/kg(DA) とすると，それぞれの比エンタルピーは，35.3 kJ/kg(DA) と 65.9 kJ/kg(DA) であるので，熱水分比は，

$$u = (65.9 - 35.3)/(0.014 - 0.006) = 3\,825 \text{ kJ/kg}$$

となる．空気線図上での①の状態から②の状態への変化は，図 1.10 に示すように熱水分比 u の値が与えるこう配と平行に変化する．

> **熱水分比 u**
> 空気が状態を変化させる場合において，絶対湿度の変化量に対する比エンタルピーの変化量の割合をいう．$u = \Delta h / \Delta x$ で表される．

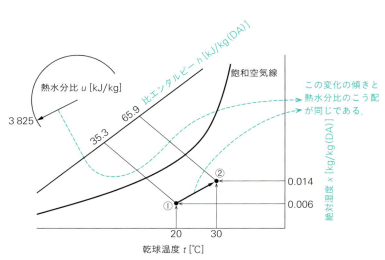

図 1.10　空気の状態変化と熱水分比の関係

b. 顕熱比 SHF

　全熱量（顕熱量＋潜熱量）変化に対する顕熱量変化の割合をいい，湿り空気の状態変化を知るのに利用できる．

　Sensible Heat Factor を略して，SHF ともいう．

　湿り空気の状態変化を空気線図上でイメージすると，**図 1.11** のようになる．

> **顕熱比 SHF**
>
> 顕熱量の全熱量に対する割合を顕熱比といい，SHF で表す．
> 顕熱量を q_s とし，潜熱量を q_L とすれば，顕熱比 SHF は，
>
> $$SHF = \frac{q_s}{q_s + q_L}$$
>
> となる．

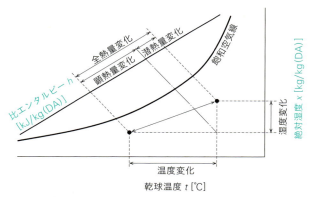

図 1.11　顕熱比のイメージ

（3）空気線図を使った各値の求め方と例

a. 空気線図（NC 線図）を使って比エンタルピーを求める

> **Exercise 1.7**
>
> ある湿り空気の乾球温度が $t=26℃$，絶対湿度が $x=0.010\,kg/kg(DA)$ であるときの比エンタルピーを求めよ（Exercise 1.3 の計算で求めた値）．

1・4　湿り空気線図（＝空気線図）

Answer

湿り空気線図を利用して，図 1.12 のように求める．

よって，比エンタルピー $h \fallingdotseq 52.0 \text{ kJ/kg(DA)}$

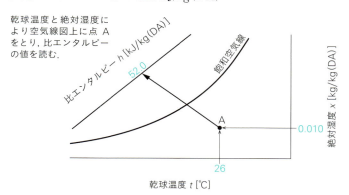

図 1.12 比エンタルピーの算出

b. 絶対湿度を求める

Exercise 1.8

標準大気圧（101.325 kPa）において，25℃の飽和空気の絶対湿度を求めよ．飽和空気の絶対湿度を x_s とする（Exercise 1.4 の計算で求めた値）．

Answer

湿り空気線図を利用して，図 1.13 のように求める．

よって，絶対湿度 $x \fallingdotseq 0.0201 \text{ kg/kg(DA)}$

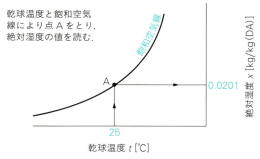

図 1.13 絶対湿度の算出

c. 露点温度と結露水量を求める

Exercise 1.9

標準大気圧（101.325 kPa）において，乾球温度 t=40℃，絶対湿度 x=0.030 kg/kg(DA) の状態の湿り空気を 26℃まで冷やすと，1 kg(DA) の空気当りの結露水量はいくらになるか求めよ．

Answer

湿り空気線図を利用して，図 1.14 のように求める．

よって，露点温度 $t'' \fallingdotseq 31.6℃$，結露水量約 8.7 g が求められる．

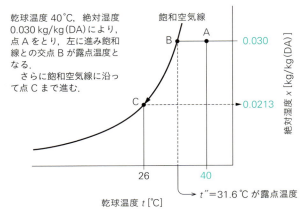

図1.14 露点温度と結露水量の算出

d. 乾球温度と湿球温度から諸量を求める

> **Exercise 1.10**
> 標準大気圧 (101.325 kPa) において，乾球温度 $t=30$℃，湿球温度 $t'=24$℃の湿り空気の諸量（絶対湿度 x，相対湿度 ϕ，飽和度 ψ，露点温度 t'，比エンタルピー h，比容積 v）を求めよ．

Answer
湿り空気線図を利用して，図 1.15 のようにそれぞれの状態値を求める．

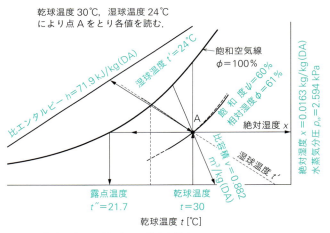

図1.15 乾球温度と湿球温度から諸量を算出

よって，絶対湿度 $x ≒ 0.0163$ kg/kg(DA)　　相対湿度 $\phi ≒ 61\%$
飽和度 $\psi ≒ 60\%$　　露点温度 $t'' ≒ 21.7$℃
比エンタルピー $h ≒ 71.9$ kJ/kg(DA)
比容積 $v ≒ 0.882$ m³/kg(DA)

第 2 章

空調プロセスの湿り空気線図上での表現

2・1 単位操作の空気線図上での表現

空気調和機とは
空気調和機は，空気中のじんあいを除去し，また空気の温湿度を調整するための装置で，フィルタ，冷却コイル，加熱コイル，加湿器，および送風機から構成されている．

空気調和機の操作
通常の冷房時には，空気調和機内の冷却コイルと送風機を作動させる．最大冷房負荷に比べて冷房負荷が小さいときや，潜熱負荷が大きくて再熱が必要なときは，冷房時にも加熱コイルを作動させる．暖房時には，加熱コイル，加湿器および送風機を作動させる．

室内の温熱環境を快適な状態に調整するには，冷房時には乾燥した冷たい空気を，暖房時には加湿した暖かい空気を室内に供給する必要がある．そのためには，空気を冷却・減湿したり，または加熱・加湿するための装置が必要で，この装置は空気調和機と呼ばれている．**空気調和機**は，空気中に含まれるじんあいを除去するためのエアフィルタ，空気を冷却・減湿するための冷却コイル，空気を加熱するための加熱コイル，空気を加湿するための加湿器，およびダクトを通じて空気を搬送するための送風機から構成されている．また，室内の空気を清浄な状態に保つためには，室内から空気調和機に返ってくる空気に，新鮮な外気をある割合で混合して，室内に供給する必要がある．このように，空気調和機の中では，冷暖房に要求される所要の温湿度の空気をつくるために，空気の混合，冷却，加熱，減湿，あるいは加湿の操作が行われる．これらの空気の個々の操作を**単位操作**と呼び，ここでは，単位操作の空気線図上での表現の仕方と，単位操作に必要な冷却熱量，加熱量，加湿量および減湿量などの計算法について説明する．

> **Column　我が国における冷房の始まり**
>
> 冷房は，1907年（明治40年）の住友総本店（大阪）での井戸水を利用した井水冷房が最初とされている．その後，1909年（明治42年）には，鐘紡山科工場で，蒸気冷却方式による温湿度調節が実施されているが，工業用空気調和で，冷凍機による本格的な冷房が実施されるのは，1921年（大正10年）以降である．人体を対象とした本格的な保健用空気調和は，1917年（大正6年）の久原房之助邸（神戸）における炭酸ガス式冷凍機による冷房が最初とされている．

(1) 混　合

図 2.1 に示す①の状態の空気 $k_1[\mathrm{kg(DA)}]$ と②の状態の空気 $k_2[\mathrm{kg(DA)}]$ を混合すると，混合後の空気③の比エンタルピー $h_3[\mathrm{kJ/kg(DA)}]$，絶対湿度 $x_3[\mathrm{kg/kg(DA)}]$ および乾球温度 $t_3[℃]$ は，それぞれ式(2.1)，(2.2)，(2.3) で表される．

式(2.3)は近似式
式(2.1)，式(2.2)は厳密に成立する式であるが，式(2.3)は近似式である．
これは，式(1.19)に式(1.16)，式(1.20)を代入し，これを式(2.1)に代入して，乾球温度 t_3 を求める式にすれば理解できる．

$$h_3 = \frac{k_1 h_1 + k_2 h_2}{k_1 + k_2} \quad \cdots\cdots(2.1)$$

$$x_3 = \frac{k_1 x_1 + k_2 x_2}{k_1 + k_2} \quad \cdots\cdots(2.2)$$

$$t_3 \fallingdotseq \frac{k_1 t_1 + k_2 t_2}{k_1 + k_2} \quad \cdots\cdots(2.3)$$

式(2.1)は，混合前のエネルギーと混合後のエネルギーが等しいというエネル

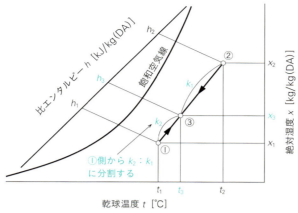

図 2.1 混合後の空気の状態

ギーの保存則を表す式であり，式(2.2)は，混合前と混合後の水蒸気量は等しいという，質量の保存則を表す式である．式(2.3)は，近似的に成立する式であるが，この式を用いても実用上は問題ない．空気線図上で混合後の状態③を求めるには，①と②を結ぶ線分を，①側から $k_2:k_1$ に比例配分する点として③を定めればよい．その理由は，比例式 $(h_2-h_3):(h_3-h_1)=k_1:k_2$ を整理すると，式(2.1)が得られることから明らかである．

Exercise 2.1
乾球温度 $t_1=26℃$，相対湿度 $\phi_1=50\%$ の空気①と乾球温度 $t_2=33℃$，相対湿度 $\phi_2=70\%$ の空気②を 7：3 で混合するものとする．混合後の空気③の乾球温度 t_3，相対湿度 ϕ_3，絶対湿度 x_3，比エンタルピー h_3 および比容積 v_3 を求めよ．

Answer
図 2.2 に示す空気線図上に，空気①と②の状態点を，与えられた乾球温度と相対湿度線の交点としてプロットし，線分①②を①側から 3：7 に比例配分して，混合後の空気の状態点③を定める．これより，$t_3=28.1℃$，$\phi_3=58.9\%$，$x_3=0.0141\,\mathrm{kg/kg(DA)}$，$h_3=64.3\,\mathrm{kJ/kg(DA)}$，$v_3=0.873\,\mathrm{m^3/kg(DA)}$ が求められる．

比エンタルピー，絶対湿度，乾球温度は，式(2.1)～(2.3)を使って求めることもできる．①と②の空気の比エンタルピーと絶対湿度を空気線図から読み取ると，$h_1≒52.9\,\mathrm{kJ/kg(DA)}$，$h_2≒90.8\,\mathrm{kJ/kg(DA)}$，$x_1≒0.0105\,\mathrm{kg/kg(DA)}$，$x_2≒0.0226\,\mathrm{kg/kg(DA)}$ となり，また，乾球温度は，$t_1=26℃$，$t_2=33℃$ と与えられているので，これらを各式に代入して，次の値を得る．

$$h_3=\frac{7\times52.9+3\times90.8}{7+3}=64.3\,\mathrm{kJ/kg(DA)}$$

$$x_3=\frac{7\times0.0105+3\times0.0226}{7+3}=0.0141\,\mathrm{kJ/kg(DA)}$$

混合後の空気の状態を求めるのは簡単
図 2.1 に示す①と②の空気を，$k_1:k_2$ の割合で混合したときの混合後の空気の状態③は，空気線図上で，単に，線分①②を①側から $k_2:k_1$ に比例配分した点となる．

2 種類の空気 $k_1[\mathrm{kg(DA)}]$ と $k_2[\mathrm{kg(DA)}]$ を混合することの意味
実際には，乾き空気 $k_1[\mathrm{kg(DA)}]$ を含む湿り空気 $k_1(1+x_1)\,\mathrm{kg}$ と，乾き空気 $k_2[\mathrm{kg(DA)}]$ を含む湿り空気 $k_2(1+x_2)\,\mathrm{kg}$ とを混合することを意味する．

混合の考え方の応用
混合の考え方は，冷却コイルでの冷却減湿，エアワッシャでの冷却減湿・断熱変化・冷却加湿など単位操作のさまざまな局面で応用される．

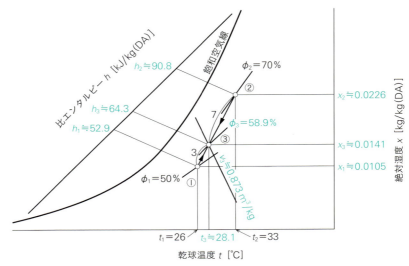

図 2.2 混合後の空気の各状態値

$$t_3 ≒ \frac{7×26+3×33}{7+3} = 28.1℃$$

（2）加　熱

> **加熱コイルによる加熱では，絶対湿度は変化しない**
>
> 空気中の水分量の変化がないので，空気線図上では，絶対湿度一定の下で温度が上昇する，右向きの水平な変化となる．

> **空気流量 G[kg(DA)/h] の意味**
>
> これは，乾き空気 G[kg(DA)] を含む湿り空気が流れていることを意味し，空気の絶対湿度を x[kg/kg(DA)] とすると，実際には，$G(1+x)$[kg] の湿り空気が流れていることになる．

> **体積風量は標準空気を用いて**
>
> 温度 20℃，圧力 101.3 kPa（1 標準大気圧）の空気を標準空気と呼ぶ．標準空気の比容積は 0.83 m³/kg(DA) である．風量の相互比較が容易となるので，標準空気換算の風量が通常用いられる．

空気を加熱コイルや電熱器などによって加熱する場合は，乾き空気 1 kg (DA) 中の水蒸気量は変わらないので，絶対湿度は一定のまま比エンタルピーが増加する．この変化を空気線図上で示すと **図 2.3** のようになる．空気流量を G[kg(DA)/h]，比エンタルピーを h[kJ/kg(DA)]，絶対湿度を x[kg/kg(DA)] とすると，加熱コイル入口の状態①から出口の状態②まで加熱するのに必要な熱量 q_h[kW] は，式(2.4)で表される．

$$q_h = G(h_2 - h_1)/3\,600 \qquad \cdots\cdots(2.4)$$

これは，湿り空気の定圧比熱 c_p[kJ/(kg(DA)・K)] と，乾球温度 t[℃] を用いて，式(2.5)で表すこともできる．

$$q_h = c_p G(t_2 - t_1)/3\,600 \qquad \cdots\cdots(2.5)$$

風量 V[m³/h] は，比容積 v[m³/kg(DA)] を用いて，式(2.6)で表されるが，比容積が入口と出口で異なるため，一定とはならない．

$$V = Gv \qquad \cdots\cdots(2.6)$$

一般に，空調システムの空気搬送系の各部での空気温度は異なるため，比容積が変化して，実際の風量では相互比較がしにくい．そこで，温度 20℃，圧力 101.3 kPa（1 標準大気圧）の **標準空気** の風量に換算して表すことが普通行われる．標準空気の比容積 v_0[= 0.83 m³/kg(DA)] と，標準空気への換算風量 V_0 を用いると，質量流量 G は，

$$G = \frac{V_0}{v_0} = \frac{V_0}{0.83} \qquad \cdots\cdots(2.7)$$

となるので，式(2.4)は，

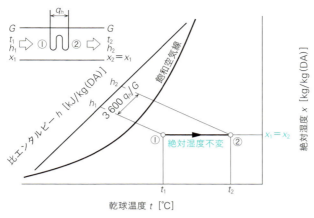

図 2.3 加熱操作

$$q_h = \frac{V_0}{0.83}(h_2 - h_1)/3600 \qquad \cdots\cdots (2.8)$$

と表される．また，湿り空気の比熱は，第1章式(1.18)で述べたように正確には絶対湿度 x の関数であるが，$c_p \fallingdotseq 1.006\,\mathrm{kJ/(kg(DA)\cdot K)}$ と近似できるので，式(2.5)は，

$$q_h = 1.21\, V_0(t_2 - t_1)/3600 \qquad \cdots\cdots (2.9)$$

と表すことができる．加熱量 q_h の計算には与えられた条件に応じて，式(2.4)，式(2.5)，式(2.8)，式(2.9)の中から使いやすいものを用いればよい．

Exercise 2.2
乾球温度 14℃，相対湿度 50% の空気を 33℃ まで加熱するときの必要加熱量を求めよ．ただし，標準空気換算風量は 500 m³/h とする．

Answer
ここでは，空気風量と乾球温度が与えられているので，式(2.9)を用いれば，直ちに計算できる．与条件を式(2.9)に代入すると，

$$q_h = 1.21 \times 500 \times (33 - 14) \div 3600 \fallingdotseq 3.19\,\mathrm{kW}$$

が得られる．

式(2.8)を用いるときは，空気線図から，$h_1 \fallingdotseq 28\,\mathrm{kJ/kg(DA)}$，$h_2 \fallingdotseq 47\,\mathrm{kJ/kg(DA)}$ と読み取れるので，これを式(2.8)に代入して，

$$q_h = \frac{500}{0.83} \times (47 - 28) \div 3600 \fallingdotseq 3.18\,\mathrm{kW}$$

を得る．上の解とは 0.4% ほど異なるが，これは読取り誤差による．

(3) 冷　却

湿り空気を冷却コイルで冷却する場合，コイル表面温度が湿り空気の露点温度以下のときは，湿り空気中の水蒸気の一部が凝縮し，結露水となって空気から除去されるため，冷却によるエンタルピーの減少と同時に絶対湿度の低下が生じる．すなわち，冷却減湿となる．冷却コイル入口の空気状態を①，出口の

湿り空気の比熱

式(1.18)の右辺第2項は，第1項に比べ十分小さいので，乾き空気の比熱 1.006 kJ/(kg(DA)·K) で近似する．

熱流単位 [kJ/h] から [kW] への変換

熱流 1 W とは，1秒間に 1 J の熱量が流れることであり，
　1 W = 1 J/s
の関係がある．したがって，
　1 kW = 1 kJ/s
　　　 = 3600 kJ/h
となるので，X [kJ/h] を [kW] の単位に換算するには，X を 3600 で割り，$X/3600$ [kW] とすればよい．逆に Y [kW] を [kJ/h] の単位に換算するには，Y を 3600 倍して，$3600Y$ [kJ/h] とすればよい．

減湿を伴う冷却

冷却コイルの表面温度が，入口空気の露点温度より低いときは，コイル表面で結露が生じ，空気中の水蒸気量が減少する．したがって空気線図上では，乾球温度と絶対湿度がともに低下する左斜め下方向への変化となる．

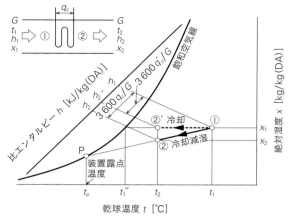

図 2.4 冷却・減湿

状態を②とすると，空気線図上では，図 2.4 に示す変化として表される．実際には，第 3 章 3·3 節(1)c で述べるように，直線的に変化するわけではないが，冷却コイルでの冷却熱量を求めるうえで支障はないので，通常はこのような表し方をする．線分①②の延長線と飽和空気線との交点 P の温度 t_p は，冷却コイル表面の代表温度で**装置露点温度**と呼ばれる．これを正確に求めることは困難であるが，近似的には，冷却コイル入口水温と出口空気の湿球温度の平均値として求めている．空気の混合の考え方でみると，②の出口空気の状態は，冷却コイルで装置露点温度まで十分に冷却された点 P の飽和空気と，冷却コイルに接触せずに素通りした①の空気との混合空気と考えることができる．この意味で，線分 $\overline{P②}$ と線分 $\overline{P①}$ の比を**バイパスファクタ**と呼んでいる．②の点が線分 $\overline{P①}$ のどこにくるかは，冷却コイルの列数や性能に依存する．空気流量 G[kg(DA)/h]の湿り空気①を②まで冷却するのに必要な熱量 q_c[kW]は式(2.10)または式(2.11)から求められ，冷却コイルで除去される水分量 L[kg/h]は式(2.12)から求められる．

$$q_c = G(h_1 - h_2)/3\,600 \quad\cdots\cdots (2.10)$$

$$q_c = \frac{V_0}{0.83}(h_1 - h_2)/3\,600 \quad\cdots\cdots (2.11)$$

$$L = G(x_1 - x_2) \quad\cdots\cdots (2.12)$$

冷却コイルの表面温度が，冷却コイル入口の湿り空気の露点温度 t_1'' よりも高いときは，水蒸気の凝縮は生じないため，絶対湿度一定のままでエンタルピーが減少する．空気線図上では，図 2.4 の破線の①から②′への変化となる．この場合の冷却に必要な熱量 q_c' は，式(2.10)と式(2.11)の h_2 を h_2' で置き換えて求められるが，乾球温度差を用いて式(2.13)から求めてもよい．

$$q_c' = c_p G(t_1 - t_2)/3\,600$$
$$\fallingdotseq 1.21 V_0 (t_1 - t_2)/3\,600 \quad\cdots\cdots (2.13)$$

装置露点温度の近似的求め方

装置露点温度（ADP：Apparatus Dew Point）を正確に求めることは困難であるが，近似的には，冷却コイル入口水温と出口空気の湿球温度の平均値として求める．

減湿を伴わない冷却

冷却コイルの表面温度が，入口空気の露点温度よりも高いときは，コイル表面で結露は生じないので，空気中の水蒸気量は減少しない．したがって空気線図上では，絶対湿度一定の下で乾球温度が低下する左向きの水平な変化となる．

Exercise 2.3

装置露点温度9℃で，バイパスファクタが26.3%の冷却コイルを用いて，乾球温度28℃，相対湿度60%の湿り空気を冷却減湿するとき，冷却コイル出口の空気状態（乾球温度と絶対湿度）を求めよ．また，標準空気換算風量を10 000 m³/hとするとき，コイルで除去される全熱量q_cと水分量Lを求めよ．

Answer

図2.5に示すように，冷却コイル入口の湿り空気の状態①と装置露点温度に対する飽和空気の状態点Pを，空気線図上にプロットし，線分$\overline{P①}$をP側から26.3：73.7に比例配分する点として，コイル出口の空気状態②を定める．この点の乾球温度と絶対湿度を空気線図から読み取れば，

$t_2 ≒ 14.0℃$，　$x_2 ≒ 0.0090$ kg/kg(DA)

となる．また，状態①と②の比エンタルピーと絶対湿度は，

$h_1 ≒ 64.8$ kJ/kg(DA)
$h_2 ≒ 36.9$ kJ/kg(DA)
$x_1 ≒ 0.0143$ kg/kg(DA)
$x_2 ≒ 0.0090$ kg/kg(DA)

であるから，

$$q_c = \frac{V_0}{0.83}(h_1 - h_2)/3\,600$$
$$= \frac{10\,000}{0.83}(64.8 - 36.9) \div 3\,600 ≒ 93.4 \text{ kW}$$
$$L = \frac{V_0}{0.83}(x_1 - x_2)$$
$$= \frac{10\,000}{0.83}(0.0143 - 0.0090) = 63.9 \text{ kg/h}$$

となる．

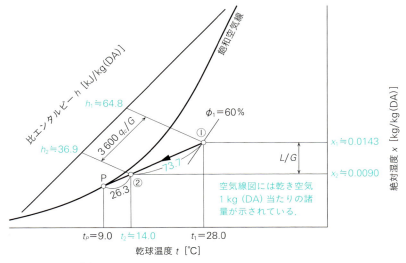

図2.5　q_c，Lの導出

エアワッシャ（空気洗浄器）

紡績工場やたばこ工場の冷却減湿器，加湿器兼用としてよく用いられてきたが，最近では一般建築に対して用いられることは少ない．

飽和効率[1]

エアワッシャでの断熱変化の場合の成績係数は，一般に飽和効率と呼ばれている．

空気を大量の噴霧水で冷却する**エアワッシャ**（空気洗浄器）の場合は，噴霧水の温度が入口空気①の露点温度 t_1'' 以下のときは，噴霧水の水滴表面で結露が生じ，**冷却減湿**となる（図2.6，①→②）．噴霧水の温度が露点温度以上のときは，逆に水滴表面から水が蒸発し，**冷却加湿**となる（図2.6，①→②′，①→②″，①→②‴）．①→②′の変化は，噴霧水を冷却コイルなどで冷却し，噴霧水温度を露点温度と湿球温度の間に保った場合，①→②″は，エアワッシャを断熱して，噴霧水を冷却も加熱もせずに噴霧し続けた場合で，噴霧水温は入口空気の湿球温度に等しくなり，出口の空気状態は，①を通る湿球温度一定の線上にくる．このときの変化を**断熱変化**または**蒸発冷却**という．①→②‴は噴霧水を加熱コイルなどで加熱し，噴霧水温を空気の乾球温度以下に保持したときの変化である．②の空気の状態は，エアワッシャの出口水温 t_w での飽和空気③と，入口空気①の混合空気と考えることができるので，①と③を結ぶ線上にあり，線上のどこにくるかは，エアワッシャの性能を表す**成績係数**〔$=(h_1-h_2)/(h_1-h_3)$〕に依存する．空気状態②′，②″，②‴についても同様である．図中の t_1'，t_1'' は①の空気の湿球温度と露点温度である．

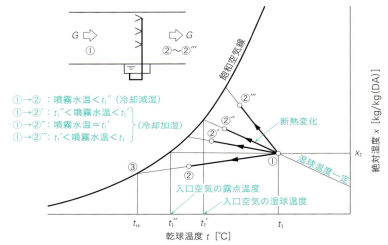

図 2.6 エアワッシャによる冷却

（4）加　湿

加湿操作時の変化には熱水分比を利用

熱水分比は，水噴霧加湿では噴霧水の比エンタルピーに，蒸気加湿では蒸気の比エンタルピーに等しくなる．そこで，加湿操作時の空気の状態変化の方向は，空気線図左上の熱水分比目盛を利用して定める．

冬期の暖房時には，一般に外気の絶対湿度が低く，外気取入れやすきま風の侵入によって室内空気の湿度が低下するので，これを防ぐために室内への供給空気を加湿する．空気調和機での一般的な加湿の方法としては，水を霧状にして空気に吹き込み，これを蒸発させて加湿する**水噴霧加湿**と，水蒸気を吹き込んで加湿する**蒸気加湿**がある．最近は，静置した加湿材に上部から均一に滴下給水して加湿材に水を浸透させ，ここに空気を通し，自然蒸発により加湿する**滴下式**（気化式）**加湿**がよく用いられている．水噴霧加湿の場合，噴霧水の蒸発量を L [kg/h]，噴霧する水の比エンタルピーを h_w [kJ/kg]，噴霧水温を t_w [℃] とすると，**熱水分比** u は，

$$u = \frac{h_w L}{L} = h_w = 4.186 t_w \quad [\text{kJ/kg}] \qquad (2.14)$$

となる．したがって，加湿前の空気の状態①から加湿後の空気の状態②への変化を空気線図上に示すと，図2.7のように，空気線図左上の熱水分比 $u=h_w$ の線と平行に①を通る線を引き，この線と，

$$x_2 = x_1 + \frac{L}{G} \quad \cdots\cdots (2.15)$$

の等絶対湿度線との交点として②を定めればよい．G は室内への供給風量[kg(DA)/h]である．実務的な近似的取扱いについては第3章で述べる．

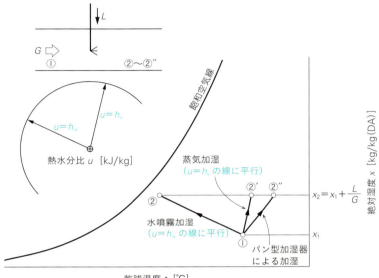

図2.7 加湿

蒸気加湿の場合には，吹き込む蒸気の比エンタルピーを h_v[kJ/kg]とすると，式(2.14)の h_w を h_v と置けば $u=h_v$ となるので，空気線図上では，図2.7の①から②′への変化となる．水を少量噴霧してこれを蒸発させて加湿する**水噴霧加湿**では，噴霧水の蒸発による冷却作用で空気温度は低下し，蒸気加湿では，蒸気温度が一般に100℃付近であることから，空気は加熱され温度が上昇する．温度上昇幅 Δt[℃]は，蒸気温度を t_v[℃]，空気温度を t_1[℃]，加湿量を Δx[kg/kg(DA)]とすると，近似的に式(2.16)で表される[2]．

$$\Delta t \fallingdotseq 1.8(t_v - t_1)\Delta x \quad \cdots\cdots (2.16)$$

滴下式加湿の場合，温度 t_w[℃]の水を $L+\Delta L$[kg/h]滴下給水し，このうち L[kg/h]が加湿材で蒸発し，ΔL[kg/h]が余剰水として t_d[℃]で排水されるとすると，熱水分比は，$u=4.186\{Lt_w + \Delta L(t_w - t_d)\}/L$[kJ/kg]となる．分子の第2項が第1項に比し無視できる場合には，近似的に水噴霧加湿と同様，$u=4.186t_w$ の変化となる．しかし，装置容量設計の段階で，分子第2項の評価が容易でない場合もあるので，一般には次の簡便な手法が用いられる．

加湿材の温度は，滴下給水温度の影響を受ける最上部付近を除く大部分が，近似的に加湿前の空気①の湿球温度 t' になっているとし，加湿材を通過した後の空気②は，図2.8に示すように加湿材に十分接触し温度が t' の飽和空気となった③の空気と，加湿材に接触せずに素通りした①の空気の混合空気と考え

式(2.16)の導出
蒸気の失う顕熱と空気が取得する顕熱が等しいと置くと，
$1.805\Delta x(t_v - t_1 - \Delta t)$
$=(1.006 + 1.805x)\Delta t$
となるので，これから近似的に求められる．すなわち，上式で $1.805(x + \Delta x)$ は1.006に比し十分小さいので，これを無視し，Δt を求めれば式(2.16)が得られる．

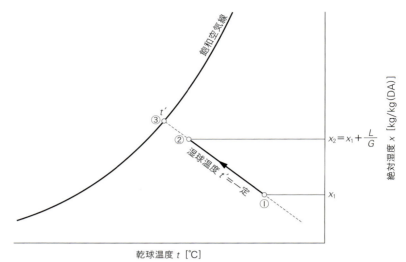

図 2.8 滴下式(気化式)加湿

る．すなわち，②は①を通る湿球温度一定の線上にあるとして定める．実用的には，$u=0$ として扱うこともある．

加湿法には，このほか，**パン型加湿器**(電熱式)や空気の露点温度以上の大量の水を噴霧して加湿するエアワッシャによる方法などがある(第3章参照)．パン型加湿器は，加湿パン内の水を電熱ヒータなどで加熱して，水表面から蒸気を発生させて加湿する方法で，加湿と同時に高温の水表面からの顕熱移動によって，空気温度は上昇するため，図 2.7 の①→②″で示すような変化となる．パン型加湿器は一般に加湿量が小さいので，通常パッケージなど小容量の装置に使われている[3]．

加湿に必要な水分量 L[kg/h]は，空気流量を G[kg(DA)/h]，標準空気の体積流量を V_0[m³/h]，加湿前後の絶対湿度を x_1，x_2 とすると，式(2.17)または式(2.18)で表される．

$$L = G(x_2 - x_1) \qquad (2.17)$$

$$L = \frac{V_0}{v_0}(x_2 - x_1) = \frac{V_0}{0.83}(x_2 - x_1) \qquad (2.18)$$

> **パン型加湿器での空気の変化の方向**
> 近似的には，熱水分比が加湿器内水温での飽和水蒸気の比エンタルピーに等しくなるような変化をするが，厳密には，水面からの加熱の影響でこれよりもやや空気温度が上昇する側への変化となる．

Exercise 2.4

空気調和機の加熱コイル出口の空気状態は乾球温度 30℃，湿球温度 17℃ で，標準空気換算風量 V_0 が 500 m³/min であるとする．この空気に 100℃ の飽和蒸気 5 kg/min を噴霧して加湿したとき，加湿後の空気の乾球温度 t_2，絶対湿度 x_2 および比エンタルピー h_2 を求めよ．

Answer

まず，空気線図上に加熱コイル出口の空気状態をプロットし，この点を①とする(図 2.9)．次に，100℃ の飽和蒸気の比エンタルピーは 2 674 kJ/kg であることから，蒸気加湿による熱水分比は，$u = 2\,674$ kJ/kg となるので，左上の熱水分比の図を使って，$u = 2\,674$ kJ/kg の線を引き，これに平行に

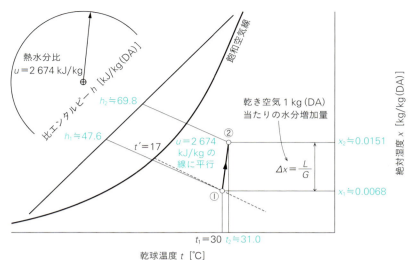

図 2.9 t_2, x_2, h_2 の導出

①を通る線を引く．加湿後の空気の状態点②はこの線上にあり，その位置を，絶対湿度の変化から決めることにする．加湿による絶対湿度の増加分 Δx は，

$$\Delta x = \frac{5}{500/0.83} = 0.0083 \text{ kg/kg(DA)}$$

であるから，x_2 は，空気線図から読み取った $x_1 = 0.0068$ kg/kg(DA) に Δx を加えて，

$$x_2 = 0.0068 + 0.0083 = 0.0151 \text{ kg/kg(DA)}$$

となる．これより，②の点が空気線図上で定められるので，②の比エンタルピーと乾球温度を読み取ると，次のようになる．

$h_2 = 69.8$ kJ/kg(DA)

$t_2 = 31.0$℃

②の点は，比エンタルピーの変化から決めてもよい．蒸気加湿に伴う比エンタルピーの増分 Δh は，

$$\Delta h = \frac{2\,674 \times 5}{500/0.83} = 22.2 \text{ kJ/kg(DA)}$$

であるから，②の比エンタルピー h_2 は，空気線図から読み取った $h_1 = 47.6$ kJ/kg(DA) に Δh を加えて，

$$h_2 = 47.6 + 22.2 = 69.8 \text{ kJ/kg(DA)}$$

となる．これより，②の点が空気線図上で定められるので，②の絶対湿度と乾球温度を読み取ると，

$x_2 = 0.0151$ kg/kg(DA)

$t_2 = 31.0$℃

また，近似式(2.16)を用いて，t_2 を求めると，

$\Delta t = 1.8 \times (100 - 30) \times 0.0083 \fallingdotseq 1.0$℃

$t_2 = t_1 + \Delta t = 30.0 + 1.0 = 31.0$℃

となる．

Exercise 2.5

空気調和機の加熱コイル出口の空気状態は，乾球温度38℃，絶対湿度 0.006 kg/kg(DA)で，標準空気換算風量は1 200 m³/minとする．この空気に40℃の水を少量噴霧して加湿を行い，乾球温度30℃の空気をつくりたい．このときの，加湿後の絶対湿度，比エンタルピーおよび加湿量を求めよ．また，**加湿効率**を35%とすれば，噴霧水量はいくらか．

加湿効率
水を少量噴霧して空気の加湿を行うとき，噴霧した水量に対する蒸発量の割合を加湿効率という．

Answer

加熱コイル出口の空気の状態点を①とし，乾球温度38℃と絶対湿度 0.006 kg/kg(DA)から空気線図上にプロットする（図2.10）．40℃の水の比エンタルピーは，167.4 kJ/kgであるから，①を通り，熱水分比 $u=167.4$ kJ/kgに平行に線を引き，乾球温度30℃の線との交点を加湿後の空気状態②として定めればよい．空気線図から②点の絶対湿度，比エンタルピーを読み取れば，

$x_2 = 0.0094$ kg/kg(DA)
$h_2 = 54.5$ kJ/kg(DA)

となる．加湿量 L と噴霧水量 L' は，

$$L = \frac{1\,200 \times 60}{0.83}(0.0094 - 0.006) = 295 \text{ kg/h}$$

$$L' = \frac{295}{0.35} = 843 \text{ kg/h}$$

となる．なお，第3章の水噴霧加湿と蒸気加湿に関する Exercise 3.1, 3.2 も参考にしていただきたい．

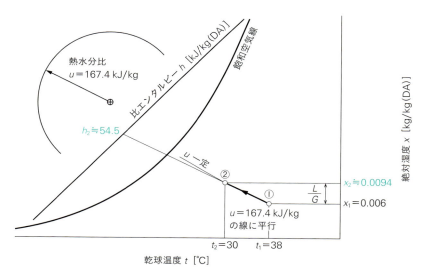

図2.10 絶対湿度，比エンタルピー，加湿量，噴霧水量の導出

2・1 単位操作の空気線図上での表現

Column 熱水分比が等しければ空気の状態変化の方向が同じになる理由

空気線図上のある状態点①から②に空気の状態が変化するとき，**熱水分比** u は定義より，

$$u = \frac{\Delta h}{\Delta x} = \frac{h_2 - h_1}{x_2 - x_1}$$

となる．空気線図（h-x 線図）は斜交軸となっているが，軸に比エンタルピー h と絶対湿度 x をとってあるので，熱水分比 u は，①と②を結ぶ線分の斜交軸でのこう配を表している．したがって，熱水分比が与えられると，空気の変化の方向は，決まることになる．この方向が，空気線図左上の基準点と熱水分比目盛りとを結ぶ方向として与えられている．

顕熱比 SHF が等しい場合の空気の状態変化の方向は，等乾球温度線がわずかに上に開いているため厳密には一定とならないが，実用上は一定として扱って差し支えないので，その方向が基準点と顕熱比目盛りの関係として空気線図上に示してある．

(5) 減 湿

冷却コイルとエアワッシャによる減湿については，2・1節(3)項で述べたので，ここでは，**化学減湿装置**について述べる．化学減湿装置には，シリカゲルなどを用いた固体吸着減湿器と塩化リチウムなどを用いた液体吸収減湿器がある[4),5)]．固体吸着減湿器では，水蒸気が固体の吸着剤に吸着される際に，凝縮潜熱と浸潤熱が発生し，この熱によって空気が加熱されるため，空気の状態変化は加熱減湿の変化となる．シリカゲルの場合，凝縮潜熱と浸潤熱を合わせた吸着熱は水分 1 kg 当たり約 2 972 kJ であるので，変化の方向は，図 2.11 に示すように，熱水分比 $u = -2\,972$ kJ/kg の方向となる．水分を大量に吸着して能力が低下した吸着剤の再生には加熱が必要で，吸着剤の定期的な加熱操作直後では，吸着剤の温度が上昇しているので，空気の温度上昇の程度はさらに大きくなる．

液体吸収減湿器では，水蒸気が塩化リチウムなどの吸収剤に吸収されるとき，凝縮潜熱と溶解熱からなる吸収熱が発生し，これが空気を加熱するため，固体吸着減湿器同様，空気は加熱減湿の変化となる．塩化リチウムの場合，溶解熱は凝縮潜熱の約 1% で通常無視でき，また，吸収された水分の顕熱も小さいので，凝縮潜熱が空気の加熱に使われると考えると，空気の変化は近似的にエンタルピー一定の変化となる（図 2.12，①→②）．しかし，実際の装置では，凝縮潜熱による溶液の温度上昇を抑え，吸収能力を維持する目的で，冷却コイルで吸収溶液と空気を冷却するため，空気出口状態は③となり，①→③の状態変化が現実には生じている．したがって，装置内で実際に①→②の変化が生じるわけではないが，吸収熱による①→②の仮想的状態変化と，冷却コイルによる②→③の冷却作用の結果，①→③の変化が生じていると考えると理解しやすい．液体吸収減湿器でも，水分を大量に吸収し，吸収能力の低下した吸収剤を再生するのに，溶液の加熱が必要で，冷却コイルでの冷却熱量としては，空気の冷却熱量以外に，再生のために加熱され昇温した溶液の冷却のための熱量も必要となる．

> **化学減湿装置**
>
> シリカゲルなどを用いた固体吸着減湿器と，塩化リチウムなどを用いた液体吸収減湿器がある．吸着熱や吸収熱によって，空気は加熱減湿されるが，実際の液体吸収減湿器では，冷却コイルで溶液と空気を冷却するので，その分だけ空気の出口温度は低下する．

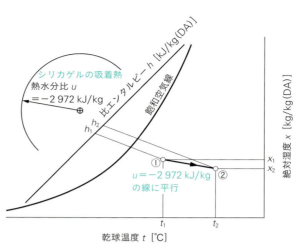

図 2.11 化学減湿（固体吸着減湿器）

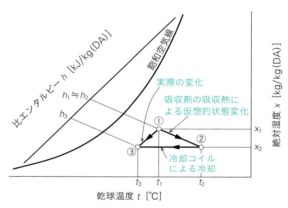

図 2.12 化学減湿（液体吸収減湿器）

2・2 空調プロセスの空気線図上での表現

ここでは，2・1節で述べた単位操作が，実際の空調プロセスで，どのように応用されているかを示すために，一般建築でよく用いられる，定風量単一ダクト方式の場合を例に取り，その空調プロセスを空気線図上に示す．また，空調機容量すなわち，送風機，冷却コイル，加熱コイルおよび加湿器の容量の求め方について説明する．他の空調方式も含め具体的な詳細説明は，計算例とともに第3章で行う．

> **室内顕熱負荷**
> 冷暖房負荷のうち，外壁貫流熱，日射，照明，人体や事務機器からの発熱，すきま風の顕熱など，顕熱による負荷をいう．

（1）冷房時

図 2.13 において，⑤の状態で室内に吹き出された空気は，室内で発生する顕熱や室外から室内に侵入する顕熱すなわち**室内顕熱負荷**により加熱され，また

室内で発生する水蒸気や室外から侵入する水蒸気により絶対湿度が増加して室内の空気状態①になる．絶対湿度の増加に伴う潜熱増加が**室内潜熱負荷**である．⑤の空気状態を定め，空気調和機の冷却コイルでの冷却熱量や送風機容量を求めるには，空調プロセスを空気線図上に表現する必要がある．室内顕熱負荷や室内潜熱負荷は，あらかじめ冷房負荷計算で求めておかねばならない．

ここでは，室内設定条件（乾球温度 t_1[℃]，相対湿度 ϕ_1[%]），外気条件（乾球温度 t_2[℃]，相対湿度 ϕ_2[%]），冷房負荷（室内顕熱負荷 q_s[kW]，室内潜熱負荷 q_L[kW]）および**外気取入れ率**（室内への吹出し風量の k[%]）が与えられたとき，空調プロセスが図 2.14 のように表現でき，各部の空気状態がどのようにして定められるかを説明する．また，単位操作との関連についても述べる．室内への吹出し空気風量 V_0[m³/h]（質量流量 G[kg(DA)/h]），冷却コイルでの冷却熱量 q_c[kW]の算出法については，改めて第 3 章 3・1 節(4)項 a でも計算例とともに詳述する．

> **室内潜熱負荷**
>
> 冷暖房負荷のうち，室内の人体や調理器具などから発生する水蒸気，すきま風により室内に侵入する水蒸気など，潜熱による負荷をいう．
>
> **外気取入れ率の値**
>
> 人を対象とした一般的オフィスの保健用空気調和では，建築基準法で，換気回数は 0.3 回/h 以上，CO 含有率は 10 ppm 以下，CO_2 含有率は 1 000 ppm 以下などと定められており，これを満たすために，外気取入れ率は，室内への吹出し風量の 25〜30 % にとられることが多い．

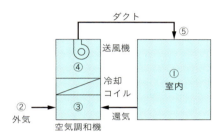

図 2.13 冷房時の定風量単一ダクト方式

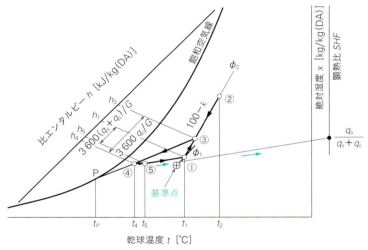

図 2.14 冷房時の空気の状態変化

a．室内空気の状態点①と外気の状態点②

①は t_1 の等乾球温度線と ϕ_1 の等相対湿度線の交点として定まる．②は同様に t_2 の等乾球温度線と ϕ_2 の等相対湿度線の交点として定まる．

b．冷却コイル入口の空気の状態点③

空気調和機内の③の空気は，室内からの還気と空気を新鮮に保つために取り入れる外気との混合空気となっている．したがって，空気線図上での③の状態

点は単位操作の混合で述べたように，外気取入れ率が室内への吹出し風量の k [％]であることから線分①②を，①側から $k:(100-k)$ に比例配分した点となる．式(2.1)，式(2.2)から，エンタルピー h_3 と絶対湿度 x_3 を求めて定めてもよい．この場合，$k_1=100-k$，$k_2=k$ とおけばよい．

c. 室内への吹出し空気の状態点⑤

⑤の状態の空気に室内顕熱負荷 q_s と室内潜熱負荷 q_L が加わって①の状態の空気になるわけであるから，空気状態が⑤から①に変化するときの**顕熱比** $SHF_{⑤①}$ は，その定義から，

$$SHF_{⑤①} = \frac{q_s}{q_s+q_L} \qquad \cdots\cdots(2.19)$$

となる．

> **冷房時の吹出し空気の状態点**
> 空調対象室の顕熱負荷と潜熱負荷から顕熱比を求め，図2.14より設定室内条件①を通る顕熱比一定の線を引き，この線上に，吹出し温度差（①と⑤の温度差）が，通常10～12℃となるように吹出し空気の状態点⑤を定める．

空気線図上では顕熱比が定まるとその変化の方向は容易に求めるようになっている．すなわち，空気線図の顕熱比目盛り上に $SHF_{⑤①}$ の値をプロットし，この点と空気線図上に示されている基準点を結べばよい．この線と平行に①を通る線を引けば⑤はこの線上にある．この線上での⑤の位置は，式から一意的に決まるものではなく，結露，コールドドラフト，風量に関わるファン動力などの観点から経験的に定められる．①と⑤の温度差すなわち，吹出し温度差 $\Delta t(=t_1-t_5)$ は，吹出し口の種類や吹出し口の高さによって異なるが[6]，10～12℃程度にとられることが多い[7]．

d. 冷却コイル出口の空気状態点④

④はファン動力による加熱やダクト外部からの侵入熱分を見て，⑤よりも低い温度にしておく必要がある．④から⑤への変化は，水分の移動はないので絶対湿度一定の変化となるから，④は，⑤と絶対湿度が同じで，乾球温度がファン動力とダクトからの侵入熱による温度上昇分だけ低い点として定まる．④の空気は③の空気を冷却コイルで冷却して作るが，冷却コイルの表面温度は③の空気の露点温度よりも低くなっているため，③から④への変化は単位操作の冷却減湿の変化になる．

> **冷却コイル出口の空気の状態点**
> 図2.14より室内への吹出し空気⑤を通る絶対湿度一定の線上に，ファン動力とダクトからの侵入熱による温度上昇分だけ⑤より低い温度点として，空気調和機の冷却コイル出口の空気状態点④を定める．

e. 室内への吹出し空気風量と冷却コイルでの冷却熱量 q_c[kW]

冷房時の空調プロセスを図2.14のように空気線図上に表現できたら，室内への吹出し空気風量 V_0[m³·h]は顕熱負荷と風量および吹出し温度差の関係式

$$q_s \fallingdotseq 1.21 V_0 (t_1-t_5)/3600 \qquad \cdots\cdots(2.20)$$

から求められる．

冷却コイルでの冷却熱量 q_c[kW]は，吹出し風量と冷却コイルの入口と出口のエンタルピー差を用いて

$$q_c = \frac{V_0}{0.83}(h_3-h_4)/3600 \qquad \cdots\cdots(2.21)$$

から求められる．

> **吹出し風量と冷却コイルでの冷却熱量**
> 吹出し風量は式(2.20)を V_0 を求める式に変形した式から，冷却熱量は式(2.21)から定める．

図2.14からわかるように，乾き空気1kg(DA)当たりの冷却コイルでの冷却熱量 (h_3-h_4) は，室内負荷 (h_1-h_5)，外気取入れによる負荷 (h_3-h_1)，ファン動力とダクトからの侵入熱による負荷 (h_5-h_4) の総和となる．

Column 空気状態が変化したときの顕熱変化分と潜熱変化分の空気線図上での表現

乾き空気 1 kg(DA) を含む湿り空気が①から②の状態に変化したときの，顕熱変化と潜熱変化は下図の $\Delta h_S = h_3 - h_1$ と $\Delta h_L = h_2 - h_3$ で示される．これは，①から②への変化を，仮想的に，絶対湿度が一定で温度のみが上昇する①から③への変化と，温度が一定で絶対湿度のみが増加する③から②への変化の2段階に分けて考えると，Δh_S が顕熱増加分であり，Δh_L が潜熱増加分であることが理解できる．

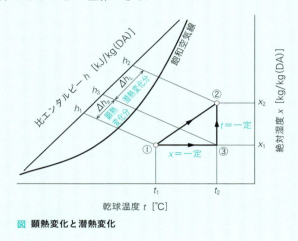

図 顕熱変化と潜熱変化

(2) 暖房時

暖房時は，図 2.15 の⑥の状態で室内に吹き出された空気は，室内から室外への顕熱損失すなわち室内顕熱負荷により冷却され，また室内への乾燥した外気の侵入により絶対湿度が減少して，室内空気の状態①になる．絶対湿度の減少による潜熱減少が室内潜熱負荷である．⑥の空気状態を定め，空気調和機の加熱コイルでの加熱量や加湿量を求めるには，あらかじめ暖房負荷計算で室内顕熱負荷と室内潜熱負荷を求めておき，空調プロセスを空気線図上に表現することが必要である．

ここでは，冷房時と同様，室内設定条件，外気条件，室内顕熱負荷，室内潜熱負荷および外気取入れ率が与えられたとき，空調プロセスが図 2.16 のように表現でき，各部の空気状態がどのようにして定められるかを説明する．加熱

暖房時と冷房時の風量を等しくする理由
同じ送風機を用いる都合上，冷房負荷と暖房負荷が極端に違わない限り，暖房時と冷房時の風量は，通常等しくとる．

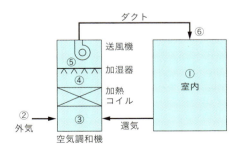

図 2.15 暖房時の定風量単一ダクト方式

コイルでの加熱量 q_h [kW] および加湿量 L [kg/h] の算出法については，改めて第3章3・1節(4)項 b で計算例とともに詳述する．室内への吹出し空気風量 V_0 [m³/h] は，冷房時の風量に等しいとする．

a. 室内空気の状態点①，外気の状態点②および両者の混合空気③の状態点

これらの状態点の定め方は冷房時と同様である．

b. 空気状態が⑥から①に変化するときの顕熱比 $SHF_{⑥①}$

⑥の状態で室内に吹き出された空気は，室内から室外への顕熱損失すなわち室内顕熱負荷 q_s により冷却され，また室内への乾燥した外気の侵入により減湿されて室内の空気状態①になる．絶対湿度の減少に伴う潜熱減少が室内潜熱負荷 q_L であるから，顕熱比 $SHF_{⑥①}$ は，冷房時と同様 $SHF_{⑥①} = q_s / (q_s + q_L)$ として求められる．

c. 室内への吹出し空気の状態点⑥と加湿後の空気の状態点⑤

冷房時と同様，空気線図の顕熱比目盛り上に $SHF_{⑥①}$ の値をプロットし，この点と空気線図上に示されている基準点を結び，この線と平行に①を通る線を引けば⑥はこの線上にある．また，室内顕熱負荷 q_s と乾球温度 t_6 とは式(2.22)の関係があるので，これより t_6 を求め t_6 の等乾球温度線を引けば，先の①を通る顕熱比一定の線との交点として⑥の点が定まる．

$$q_s = 1.21 V_0 (t_6 - t_1)/3600 \qquad \cdots\cdots (2.22)$$

なお，吹出し空気の状態点⑥と加湿後の空気の状態点⑤は，ファン動力による加熱とダクトからの熱損失がほぼ相殺するとして，近似的に等しくとる．

暖房時の吹出し空気の状態点

図2.16 より顕熱負荷と潜熱負荷から求めた顕熱比一定の線を，①を通るように引き，この線上に，$q_s \fallingdotseq 1.2 V_0 (t_6 - t_1)/3600$ から求めた吹出し温度 $t_6 \fallingdotseq t_5$ の点を定め，⑥(≒⑤)とする．風量 V_0 は，通常冷房時の風量に等しくとる．

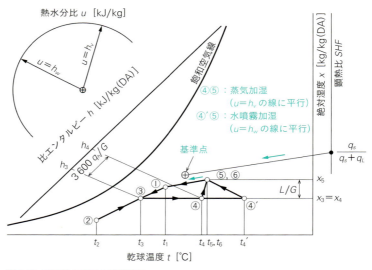

図2.16 暖房時の空気の状態変化

d. 加熱コイル出口の空気の状態点④

③から④への変化は加熱コイルにおける変化で，2・1節で述べたように絶対湿度は変化しない．したがって，③を通る絶対湿度一定の線を引くと④はこの線上にある．一方，④から⑤への変化は，単位操作で述べた加湿の変化で，蒸気加湿の場合，熱水分比は加湿蒸気の比エンタルピー h_v となるので，左上の熱水分比目盛りを使って熱水分比一定の方向を定め，これに平行に⑤を通る線を

加熱コイル出口の空気の状態点

図2.16 より加湿方式によって，水噴霧水あるいは蒸気の比エンタルピーに等しい熱水分比一定の線を，⑤を通るように引き，これと，③を通る絶対湿度一定の線との交点として，④あるいは④'を定める．

引けば，④はこの線上にある．したがって，これら二つの線の交点として④の点が定まる．水噴霧加湿の場合は，熱水分比が噴霧水の比エンタルピー h_w となるので④′となる．

e. 加熱コイルでの加熱量 q_h [kW] と加湿量 L [kg/h]

暖房時の空調プロセスを図 2.16 のように空気線図上に表現できたら，加熱コイルでの加熱量と加湿量は，蒸気加湿の場合，それぞれ式(2.23)と式(2.24)として求まる．

$$q_h = 1.21 V_0 (t_4 - t_3)/3\,600 \qquad \cdots\cdots (2.23)$$

$$L = \frac{V_0}{0.83}(x_5 - x_4) \qquad \cdots\cdots (2.24)$$

q_h は，比エンタルピーを用いて式(2.25)から求めてもよい．

$$q_h = \frac{V_0}{0.83}(h_4 - h_3)/3\,600 \qquad \cdots\cdots (2.25)$$

> **加湿量と加熱コイルでの加熱量**
> 加湿量は式(2.24)から，加熱量は式(2.23)または，式(2.25)から求められる．

2·3 湿り空気関連現象

(1) 結 露

水蒸気を含んだ湿り空気が，冷たい物体の表面に接触して，露点温度以下になると，空気中の水蒸気が凝縮して水滴となり，物体表面に付着する．この現象を結露と呼んでいる．結露は，非常に身近な自然現象で，さまざまな場面で経験する．例えば，夏の朝露は，放射冷却によって露点温度以下となった植物の葉面に，空気が触れて生じた結露であり，また，夏，ひとときの涼感を求めて，飲むビールの瓶やグラスの表面をぬらす水滴も，結露によるものである．朝露やビールにまつわる結露は，涼感とさわやかさを与えてくれるが，建築物に関わる結露は，保健衛生面からいっても，建築物の耐久性からいっても大問題である．建築物の結露には，窓面などの表面に生じる表面結露と，壁の内部で生じる内部結露がある[8]．窓面での表面結露は，冬の暖房時によく経験するところで，室内の人体，台所，浴室および開放型ストーブなどから発生する水蒸気によって高湿となった室内空気が，冷たい窓面で露点温度以下にまで冷却されて生じる現象である．かびの発生原因ともなるので，窓ガラスの曇りが観察されたら，速やかに換気を行う必要がある．内部結露は，壁の内部や小屋裏などに侵入した室内の高湿の空気が，冷却されて生じる結露をいい，壁内部の木材・断熱材や野地板を腐らせる原因となる．これを防ぐには，室内側に防湿層を設けることと，小屋裏などに換気口を設けることが有効である．

空気調和機の冷却コイルは，空気から顕熱を奪うと同時に，コイル上で生じる結露を利用して，空気の減湿を行うための装置である．

> **結 露**
> 結露は，空気が露点温度以下の物体表面に触れて冷やされ，空気中の水蒸気が凝縮して生じる．
>
> **建築物で結露の生じやすい箇所**
> 外気で冷やされやすい一重の窓ガラス内表面は，最も結露しやすい．また，外壁の隅角部も，冷却面積が大きくなるので結露しやすい．この部分に押入がある場合は，壁面に密着して物を置かないようにする．建物内部の結露を防ぐには，換気が大切である．

> **Column 結露の話**
>
> 夏に飲むビールの適温は6〜7℃である．仮に，乾球温度30℃，相対湿度65％の室内で，ビールを飲んでいるとすれば，その部屋の空気の露点温度は約22.8℃である．これでは，ビール瓶やコップからしたたるほどの結露水でテーブルがぬれるのも当たり前である．
>
> 冬に，暖房器具として開放型ストーブを用いると，窓面で流れ落ちるほどの結露は誰もが経験するところである．これは，6〜8畳用の開放型ストーブでは，1時間当たりコップ約2杯分の水分が発生し，部屋の湿度が上昇するためである．最初室温が22℃，相対湿度が50％で，露点温度が約11℃であったとしても，天井高さが2.6 mの8畳の部屋で，300 g/hの水分発生量があったとすると，1時間後には絶対湿度は約0.0073 kg/kg(DA)増加し，相対湿度は93％，露点温度は20.8℃にまで上昇する．外気で冷やされ低温となった窓面で結露しやすくなるわけである．結露を防止するには，窓面が曇ってきたら窓を2〜3分開けて換気をすることが大切である．

(2) 着霜

> **着霜**
>
> 氷点下の物体表面に空気が触れると，空気中の水分が凝結し，これが氷の結晶となって成長し，霜となる．冷凍庫内では，着霜の成長を防ぐために定期的にヒータなどで加熱して，除霜を行う．

湿り空気が接する物体の表面温度が0℃以下の場合には，物体表面で凝結した水分は，氷の結晶として成長し，霜となる．もちろん，この現象は，空気中の水蒸気分圧が，物体の表面温度での飽和蒸気圧よりも，大きいときにしか生じない．霜の身近な例としては，冬，一面真っ白に降りた霜，青空駐車のフロントガラスに付く霜，家庭の冷凍冷蔵庫の冷凍庫内の霜などがある．冬の霜景色や車のガラスに付着する霜は，地表面やガラス表面が放射冷却によって氷点下にまで冷却され，そこに空気中の水蒸気が凝結し，氷の結晶として成長したものである．したがって，冬の寒い晴天の夜に生じやすい．冷凍庫の中の着霜は，冷凍庫の開閉に伴って，冷凍庫内に進入した室内の空気が，氷点下の庫内やエバポレータの表面に触れて生じる．したがって，定期的にヒータなどで加熱して除霜を行っているが，最近では，着霜センサを用いて，着霜が検知されたときだけ除霜を行うことによって，省エネルギーを図ることが考えられている．また，寒冷地での空気熱源ヒートポンプの運転で，外気を直接熱源とする場合には，蒸発器での着霜が問題となるので，注意が必要である．

> **Column 茶畑の大型扇風機は着霜防止用**
>
> 茶畑に高さ10 mほどの大型の扇風機がよく設置されているのは，お茶の新芽に霜が降りるのを防ぐためである．新芽の季節である3月下旬頃の，よく晴れた寒い夜には，放射冷却で冷やされたお茶の葉面温度が，氷点下にまで下がり，霜が降りることがある．このような夜は，接地逆転層といって，地表面付近よりも上空の空気のほうが温度は高くなるため，防霜ファンで上空の暖かい空気を葉面に送って，新芽を霜から守っている．防霜ファンのサーモスタットは3〜5℃程度に設定されている．接地逆転層の成因は，もちろん地表面の放射冷却である．

2・4 快適温熱環境

室内環境の快適性は，人の心の状態に依存し，空間構成，色彩・色調，音，光，熱，空気質など，多くの心理的ならびに生理的要因の影響を受けるが，ここでは，人体の熱収支に関わる温熱環境因子のみを取り上げ，オフィスワークなど通常の心理状態で執務中の人が，どのような温熱環境のときに，熱的に快適に感じるかを示す**温熱指標**について述べる．そして，各温熱指標の等値線が，空気線図上ではどのように表され，快適範囲はどうなるかについて説明する．

(1) 新有効温度 ET^*

新有効温度（New Effective Temperature：ET^*）は，人体の熱収支式に基づく温熱指標で，室温，湿度，気流速，放射の影響以外に，衣服の断熱性を表す clo 値（1 clo＝0.155 m²・K/W）や活動に伴う人体の産熱量の影響も考慮できる指標である．人体を，体心部と皮膚部の 2 部位に分け，各部位に対する非定常熱収支式である式(2.26)と式(2.27)が基礎となっている[10]．

$$S_{cr} = M - W - (C_{res} + E_{res}) - Q_{cr,sk} \quad \cdots\cdots (2.26)$$

$$S_{sk} = Q_{cr,sk} - (C + R + E_{sk}) \quad \cdots\cdots (2.27)$$

ここに，S_{cr}：体心部の蓄熱量 [W/m²]
　　　　M：代謝率 [W/m²]
　　　　W：外部仕事 [W/m²]
　　　　C_{res}：呼吸による顕熱損失 [W/m²]
　　　　E_{res}：呼吸による潜熱損失 [W/m²]
　　　　$Q_{cr,sk}$：体心部から皮膚部への流出熱量 [W/m²]
　　　　S_{sk}：皮膚部の蓄熱量 [W/m²]
　　　　C：人体表面から外部環境への対流による熱損失 [W/m²]
　　　　R：人体表面から外部環境への放射熱損失 [W/m²]
　　　　E_{sk}：発汗ならびに不感蒸泄による潜熱損失 [W/m²]

単位がいずれも [W/m²] となっているのは，人体の裸体表面積 A_D [m²] で割った，単位体表面積当たりの値として扱っているためである．

体心部の蓄熱量 S_{cr} と皮膚部の蓄熱量 S_{sk} は，体心部温度 t_{cr} [℃]，ならびに皮膚部温度 t_{sk} [℃] を用いて，式(2.28)，(2.29)のように表すことができる．

$$S_{cr} = (1-\alpha) mc_{p,b} (dt_{cr}/d\tau)/A_D \quad \cdots\cdots (2.28)$$

$$S_{sk} = \alpha mc_{p,b} (dt_{sk}/d\tau)/A_D \quad \cdots\cdots (2.29)$$

ここに，α：体全体に占める皮膚部質量の割合 [-]
　　　　m：体の全質量 [kg]
　　　　$c_{p,b}$：体の比熱 [J/(kg・K)]
　　　　τ：時間 [s]

A_D [m²] は体の質量 m [kg] と身長 l [m] の関数として次式から求められる[11]．

$$A_D = 0.202 m^{0.425} l^{0.725} \quad \cdots\cdots (2.30)$$

新有効温度

新有効温度は，実際の温熱環境下での皮膚のぬれ率と皮膚表面からの全放熱量が等しくなるような，相対湿度50％の室温（＝平均放射温度）として定義される．快適となる新有効温度の範囲は，活動量や clo 値によって異なる．

不感蒸泄

発汗していない状態でも，人体の皮膚表面からは水分が蒸発しており，この水分蒸発のことを不感蒸泄という．

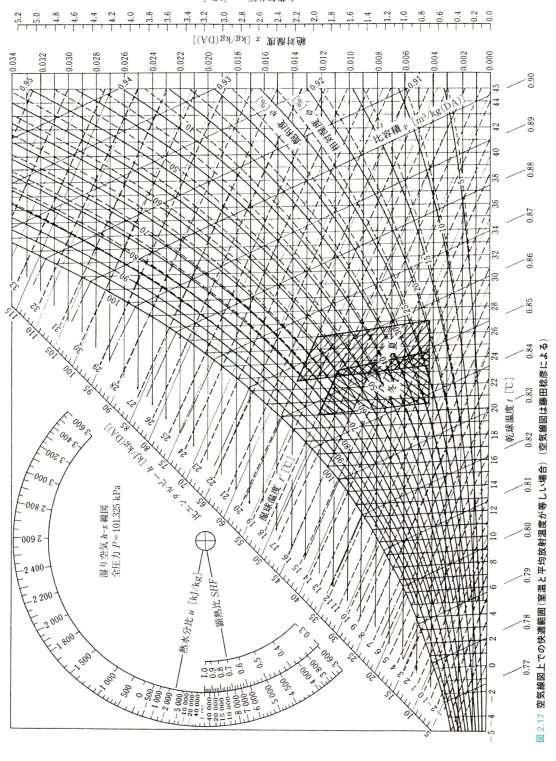

図 2.17 空気線図上での快適範囲（室温と平均放射温度が等しい場合）（空気線図は藤田稔彦による）

熱収支式に関係する体温調節機能としての発汗量，震えによる産熱量，皮膚部を流れる血流量も，体心部温度 t_{cr} と皮膚温度 t_{sk} の関数として与えられており，式(2.26)，式(2.27)の各項を，室温，湿度，平均放射温度，風速，活動量，clo 値などの関数として表し，これらの変数に具体的な値を与えて，この熱収支式を反復計算で解くと，体心部温度，皮膚温度，人体表面からの全放熱量などを求めることができる．新有効温度は，実際の温熱環境下での皮膚のぬれ率と皮膚表面からの全放熱量に等しくなるような，相対湿度 50% の室温（=平均放射温度）として定義される．

この ET* を用いて，ASHRAE Standard 55 では，静穏気流，椅座作業，夏 0.5 clo，冬 0.9 clo のとき，80% 以上の人が熱的に満足度を覚える快適範囲を，横軸に作用温度，縦軸に絶対湿度を取って示している[12]．作用温度 t_{op} とは，室温 t と平均放射温度 t_{MR} の，対流熱伝達率 h_c と放射熱伝達率 h_r による重み平均で，

$$t_{op} = \frac{h_c t + h_r t_{MR}}{h_c + h_r} \qquad \cdots\cdots (2.31)$$

で定義され，t と t_{MR} が等しいときは，室温 t に等しくなる．そのときは，ASHRAE Standard 55 の快適範囲を，図 2.17 のように湿り空気線図上に示すことができる．高温側，低温側の境界線は等 ET* 線で，ET* の値は境界線と相対湿度 50% の等値線の交点の乾球温度となる．低温側の境界は，後述の表 2.1 の温冷感カテゴリーの -0.5 に，高温側の境界は 0.5 に相当する．低湿度側の下限が露点温度 2℃ となっているのは，これ以下では，呼吸器系の疾患などが増えることによる[12]．ただし，わが国では，ビル衛生管理法で，室内は相対湿度 40% 以上，70% 以下と定められているので，これを配慮する必要がある．着衣量が 0.1 clo 増加すると快適範囲は 0.6℃ 低温側へ移動し，その逆も成立する．

室温と平均放射温度が異なる一般的な場合は，湿り空気線図の乾球温度を作用温度に読み替えればよい．ただし，この場合，作用温度線（乾球温度線），絶対湿度線，露点温度以外は意味を持たない．なお，等 ET* 線は，湿り空気線図上では，厳密には直線とならないが，その非線形性は微小であり，直線で近似しても実用上問題はない．

図 2.17 で等湿球温度線（近似的には等エンタルピー線と見てよい）と等 ET* 線との関係を見てみると，湿球温度が一定の条件下では，絶対湿度あるいは相対湿度が増加しても，ET* は減少し，温熱感は涼しい側へ変化する．例えば，空気中に 25℃ 程度の常温の水を噴霧し蒸発させる場合を考えてみると，湿り空気の熱水分比は，$u = 104.7$ kJ/kg となり，その変化の方向は，ほぼ湿球温度一定の線の方向で，絶対湿度が増加する方向となる．すなわち，温熱環境は涼しい側へと変化する．冷風扇の原理はこの効果を利用したものであり，また，夏の夕刻，庭に打ち水をして，ひとときの涼しさを楽しむのも，暖まった地面からの放射を和らげる以外に，上記の効果を経験的に利用した人間の知恵といえる．

新有効温度は，優れた温熱指標ではあるが，その快適範囲は活動量や clo 値により異なるため，この不便さを解消するための温熱指標として次に示す新標準有効温度（Standard New Effective Temperature：SET*）が提案されている．

Column 平均放射温度とその実用的求め方

平均放射温度は，実際の部屋での人体と周囲壁との正味放射熱交換量に等しくなるような，一様温度の黒体壁からなる仮想的な部屋の壁面温度として定義される．この平均放射温度を求める方法としては，グローブ球温度から求める方法と，人体の前後左右上下の6方向の面放射温度の重み平均として求める方法がよく用いられる．

(1) グローブ球温度から求める方法

次の式（Bedfordの式）から求める．

$$t_{MR} = t_g + 2.37\sqrt{v}(t_g - t)$$

ここに，t_{MR}：平均放射温度[℃]
t_g：グローブ球温度[℃]
t：室温[℃]
v：風速[m/s]

(2) 6方位の面放射温度の重み平均として求める方法[12]

前後左右上下の面放射温度を $t_F, t_B, t_L, t_R, t_U, t_D$[℃]とすると，椅座の人体に対しては，

$$t_{MR} = \{(0.18(t_U + t_D) + 0.22(t_R + t_L) + 0.30(t_F + t_B)\} / \{2(0.18 + 0.22 + 0.30)\}$$

から，立った人体に対しては，

$$t_{MR} = \{(0.08(t_U + t_D) + 0.23(t_R + t_L) + 0.35(t_F + t_B)\} / \{2(0.08 + 0.23 + 0.35)\}$$

から求める．各方向の面放射温度を求めるには市販の放射収支計を使用する．最近では，センサ部が20mm程度の使いやすいタイプも市販されている．

Column 代謝量を表す単位[met]と衣服の断熱性を表す単位[clo]

人が椅座安静時に，熱的に快適と感じている状態でのエネルギー代謝量を基準にとり，これとある作業時のエネルギー代謝量の比を[met]としている．

$$1\,\text{met} = 58.1\,\text{W/m}^2$$

[clo]は衣服の熱絶縁性を示す単位で，気温21℃，相対湿度50%，気流速5cm/s以下の室内において，代謝量1metの活動レベルにある人が，33.3℃の平均皮膚温となり，快適な状態になるような着衣の断熱性を1cloとしている．これを熱抵抗値で表せば，次のようになる．

$$1\,\text{clo} = 0.155\,\text{m}^2 \cdot \text{K/W}$$

(2) 新標準有効温度 SET*

新標準有効温度（SET*）は，実際の温熱環境下での平均皮膚温，皮膚のぬれ率ならびに皮膚表面からの全放熱量に，等しくなるような仮想的な標準状態の乾球温度として定義される．仮想的な標準状態としては，乾球温度と平均放射温度が等しく，相対湿度 50%，風速 0.15 m/s 以下の静穏な気流状態の温熱環境がとられる．新標準有効温度を用いると，実際の複雑な温熱環境下での温冷感を一つの共通な尺度で評価でき，温熱環境の相互比較が可能になる．標準状態での clo 値は，PMV が 0 のとき，SET*＝24℃ となるように定めた met 値（1 met ＝58.1 W/m²）と clo 値の関係式を用いて与える[13]．80% 以上の人が満足度を覚える SET* の範囲は，22.2〜25.6℃ とされている．

新標準有効温度

新標準有効温度は，実際の温熱環境下での平均皮膚温，皮膚のぬれ率ならびに皮膚表面からの全放熱量に等しくなるような，仮想的な標準状態の乾球温度として定義される．この温熱指標を用いると，実際の複雑な温熱環境下での温冷感を一つの共通な尺度で評価できる．

(3) PMV

新有効温度が，人体を体心部と皮膚部の 2 部位に分けて，非定常熱収支を考慮したのに対し，PMV（Predicted Mean Vote）は式（2.32）で表される人体全体に対する定常熱収支式を基礎としている[14]．

$$M - W - E_d - E_{sw} - E_{res} - C_{res} = K = R + C \quad \cdots\cdots (2.32)$$

ここに，E_d：皮膚からの不感蒸泄 [W/m²]

E_{sw}：発汗による皮膚からの潜熱損失 [W/m²]

K：皮膚表面から着衣状態の人体表面への伝熱量 [W/m²]

単位がいずれも [W/m²] となるのは，新有効温度 (p.43) で述べた理由による．

しかし，この式は単なる人体の熱収支式であり，これを満たすだけでは必ずしも快適とはならない．Fanger は，被験者実験から得られたデータを基に，快適となる条件として，生理学的変数である平均皮膚温 t_{sk} と，発汗蒸発による放熱量 E_{sw} が次の式を満たす必要があるとしている．

$$t_{sk} = 35.7 - 0.0275(M - W) \quad \cdots\cdots (2.33)$$

$$E_{sw} = 0.42(M - W - 58.1) \quad \cdots\cdots (2.34)$$

式（2.32）の M と W 以外の項を室温 t [℃]，水蒸気分圧 p_w [kPa]，風速 v [m/s]，平均放射温度 t_{MR} [℃]，clo 値 I_{cl} [clo]，平均皮膚温 t_{sk} [℃] などの関数として表し，この式から，式（2.33）と式（2.34）を用いて平均皮膚温 t_{sk} と発汗蒸発による放熱量 E_{sw} を消去すると，快適方程式が得られ，式（2.35）の関数形となる．

$$f(M - W, I_{cl}, t, t_{MR}, p_w, v) = 0 \quad \cdots\cdots (2.35)$$

任意の代謝率 M，外部仕事率 W，clo 値 I_{cl} に対し，この式を満足する t，t_{MR}，p_w，v の組合せであれば快適となる．したがって，快適となる温熱環境は 4 変数の組合せとして無数に存在することになる．

温冷感カテゴリーと表 2.1 のように対応付けられた PMV と，快適方程式との関係付けは，次のようにして行われている．

PMV

人体の定常熱収支式と，温冷感や快適感に関する被験者実験結果を基に導出された温熱指標で，PMV ＝ 0 のとき，快適と感じる人の割合は最大となる．温熱環境の設計では，空調対象室の居住域全域で PMV が ± 0.5 の範囲内に収まるように留意する．

表 2.1 PMV と温冷感カテゴリーの対応

PMV	-3	-2	-1	0	1	2	3
温冷感	寒い (cold)	涼しい (cool)	やや涼しい (slightly cool)	中立 (neutral)	やや暖かい (slightly warm)	暖かい (warm)	暑い (hot)

快適条件から外れた温熱環境では，快適方程式(2.35)の右辺は0とはならず，ある値 Q_L [W/m^2] をとる．Fanger は，この Q_L を人体に対する熱負荷と呼んで，この値が大きいほど不快感が増すと考え，多くの被験者を使った実験結果を基に，式(2.36)のように PMV と関係付けている．

$$\text{PMV} = \{0.303\exp(-0.036M) + 0.028\}Q_L \quad \cdots\cdots(2.36)$$

この式の Q_L を具体的に書き表すと，PMV は式(2.37)となり，この式から PMV の値を計算することができる．

$$\begin{aligned}\text{PMV} = &\{0.303\exp(-0.036M) + 0.028\}[(M-W)\\&-3.05\{5.73-0.007(M-W)-p_w\}-0.42\{(M-W)-58.1\}\\&-0.0173M(5.87-p_w)-0.0014M(34-t)\\&-3.96\times 10^{-8}f_{cl}\{(t_{cl}+273)^4-(t_{MR}+273)^4\}-f_{cl}h_c(t_{cl}-t)]\end{aligned}$$
$$\cdots\cdots(2.37)$$

ただし，f_{cl} は着衣状態の体表面積と裸体表面積の割合で，次式で計算される．

$$\begin{aligned}f_{cl} &= 1.0 + 0.2I_{cl} \qquad I_{cl} < 0.5 \text{ clo}\\ f_{cl} &= 1.05 + 0.1I_{cl} \qquad I_{cl} > 0.5 \text{ clo}\end{aligned} \quad \cdots\cdots(2.38)$$

衣服表面温度 t_{cl} [℃] は，式(2.39)から反復計算によって求める．

$$\begin{aligned}t_{cl} = &35.7 - 0.028(M-W)\\&-0.155I_{cl}[3.96\times 10^{-8}f_{cl}\{(t_{cl}+273)^4-(t_{MR}+273)^4\}\\&+f_{cl}h_c(t_{cl}-t)]\end{aligned} \quad \cdots\cdots(2.39)$$

対流熱伝達率 h_c [W/(m^2·K)] は，式(2.40)と式(2.41)の大きいほうを採用する．

$$h_c = 2.38(t_{cl}-t)^{0.25} \quad \cdots\cdots(2.40)$$
$$h_c = 12.1\sqrt{v} \quad \cdots\cdots(2.41)$$

満足している温熱環境の範囲を，「やや涼しい」，「中立」，「やや暖かい」の3カテゴリーとすると，満足していない人の割合 **PPD**(Predicted Percent Dissatisfied) は，式(2.42)で表される[12]．

$$\text{PPD} = 100 - 95\exp[-(0.03353\text{PMV}^4 + 0.2179\text{PMV}^2)] \quad \cdots\cdots(2.42)$$

PPD は，PMV＝0 のときで5％，±0.5 のときで10％，±1 のときで約27％，±2 のときで約80％となる．温熱環境の設計では，空調対象室の居住域全域で PMV が±0.5 の範囲内に収まるように留意する．

図2.18 は，図中に示す計算条件での PMV の等値線を，湿り空気線図上に描いたものである．快適条件として $-0.5 \leq \text{PMV} \leq 0.5$ を選び，相対湿度の下限をビル衛生管理法で定められた40％，上限を経験的に60％と定めると，図の斜線部分が室内環境の設定目標範囲となる．

実際のオフィスでは，快適性を重視して，室温 $t=26$℃，相対湿度 $\phi=50$％に設定することが多く見られる．しかし，省エネルギーの観点からは，例えば，$t=26.7$℃，$\phi=60$％ (PMV=0.5) に設定すれば，約 7.5 kJ/kg(DA) の取入れ外気負荷の軽減とさらに壁面貫流熱負荷の軽減を図ることができる．この場合，快適性は多少低下するので，居住者の省エネルギーに対する理解が必要となる．

PMV は気温，湿度，風速，平均放射温度，着衣量(clo 値)，活動量の物理量から式(2.37)を使って計算できるが，これを直接計測する計器も市販されている．

PMV の測定高さ
1点のみ計測するときは，椅座の人体に対しては床上 0.6 m で，立っている人体に対しては 1.0 m で測定する．3点測定するときは，椅座の場合，床上 0.2, 0.6, 1.0 m で，立っている場合は，0.3, 1.0, 1.7 m の高さで PMV を求め，その平均値をとることを，Fanger は勧めている．

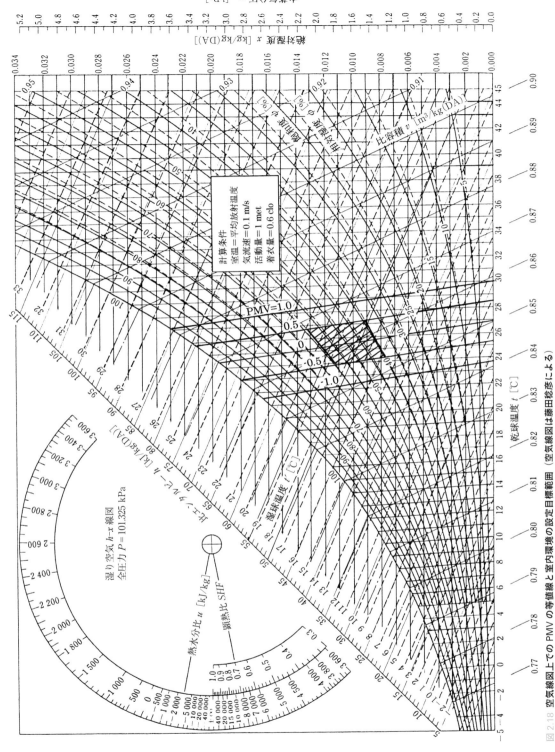

図 2.18 空気線図上でのPMVの等値線と室内環境の設定目標範囲（空気線図は藤田稔彦による）

Column 温冷感に及ぼす温熱環境因子の影響

温熱指標 PMV は，温熱環境因子である気温 t，平均放射温度 t_{MR}，相対湿度 ϕ，風速 v，clo 値 I_{cl}，代謝率 M，外部仕事率 W の影響を受ける．任意の温熱環境因子を X で表すと，PMV に及ぼす X の影響は偏微分係数 $\partial(PMV)/\partial X$ で表されるが，PMV を求める式(2.37)～式(2.41)からわかるように，$\partial(PMV)/\partial X$ もまた温熱環境因子の関数となる．したがって，$\partial(PMV)/\partial X$ は温熱環境因子の値によって変化し，一定とはならないが，ここでは，一例として，PMV＝0 となる冷房時の 1 条件（$t=t_{MR}$＝25.5℃，ϕ＝52.2%，v＝0.1 m/s，I_{cl}＝0.6 clo，M＝1 met，W＝0）と，暖房時の 1 条件（$t=t_{MR}$＝23.3℃，ϕ＝50%，v＝0.1 m/s，I_{cl}＝1.0 clo，M＝1 met，W＝0）で，各温熱環境因子が PMV に及ぼす影響を表に示す．表には偏微分係数そのものではなく，温熱環境因子 X の変化量 ΔX に対する PMV の変化量 ΔPMV と，ΔPMV が等しくなる等価気温変化 Δt_e を示している．

表 PMVに及ぼす温熱環境因子の影響

温熱環境因子	ΔX	冷房時 ΔPMV	冷房時 Δt_e [℃]	暖房時 ΔPMV	暖房時 Δt_e [℃]
気温 t [℃]	1	0.180	—	0.144	—
平均放射温度 t_{MR} [℃]	1	0.163	0.91	0.125	0.87
相対湿度 ϕ [%]	10	0.085	0.47	0.075	0.52
風速 v [m/s]	0.1	−0.264	−1.47	−0.192	−1.33
clo 値 I_{cl} [clo]	−0.1	−0.210	−1.17	−0.156	−1.08
	0.1	0.182	1.01	0.140	0.97

これからわかるように，1℃の平均放射温度の変化による温冷感の変化は，約 0.9℃の気温変化と等価であり，10%の相対湿度の変化は，約 0.5℃の気温変化と等価である．冷房時の 0.1 m/s の風速増加は約 1.5℃の気温低下と等価であり，このことは，気流の活用により気温を高めに設定できることを示している．もちろん，コールドドラフトへの配慮は必要である．clo 値については，0.1 clo の変化は約 1℃の気温変化と等価である．ポリエステル 65%，綿 35% のワイシャツと半袖カッターシャツの clo 値は，それぞれ 0.30，0.19 であるから，ワイシャツから半袖カッターシャツにすることにより，気温を約 1℃高めにしてもほぼ同じ温冷感が得られ，夏期の省エネルギー対策としてのクールビズの有効性を示している．なお，気温と平均放射温度が等しい条件下で気温が 1℃上昇したときの等価気温変化は，平均放射温度の等価気温変化 0.91℃に 1℃を加えた 1.91℃となる．また，ΔX が変化したときの ΔPMV と ΔX の関係は，相対湿度では直線関係が厳密に成立し，気温，平均放射温度では近似的に成立する．しかし，clo 値，風速では直線関係は成立しない．

Column　WBGT（湿球グローブ温度）と熱中症

　WBGT(Wet Bulb Globe Temperature)は，暑熱環境下での熱中症予防を目的として 1957 年に Yaglou ら[15]によって提案された指数で，主要温熱環境因子である乾球温度 t[℃]，自然換気状態での湿球温度 t_w[℃]，グローブ温度 t_g[℃]から計算される．屋外での湿球温度の測定は感温部を日光に当てて行うが，乾球温度は日射遮へいをして測定する．屋外および室内での計算式は，それぞれ式(1)，式(2)で示される[12]．

$$WBGT = 0.7t_w + 0.2t_g + 0.1t \quad \cdots\cdots (1)$$
$$WBGT = 0.7t_w + 0.3t_g \quad \cdots\cdots (2)$$

　この指数と熱中症患者数の相関は高く，WBGT が 28℃を超えると熱中症患者数が著しく増える傾向がある．

　この指数は労働環境では世界的には ISO 7243[16]，国内では JIS Z 8504 として規格化されている．日本生気象学会では「日常生活における熱中症予防指針」[17]の中で，

　　　31℃以上　　　危険
　　　28～31℃　　　厳重警戒
　　　25～28℃　　　警戒
　　　25℃未満　　　注意

としている．

　（公財）日本体育協会では「スポーツ活動中の熱中症予防ガイドブック」[18]の中で，

　　　31℃以上　　　運動は原則中止
　　　28～31℃　　　厳重警戒（激しい運動は中止）
　　　25～28℃　　　警戒（積極的に休息）
　　　21～25℃　　　注意（積極的に給水）
　　　21℃未満　　　ほぼ安全（適宜水分補給）

としている．

　環境省では式(1)から計算した WBGT(11 地点)と小野らの式[19]から計算される実況推定値(829 地点)を暑さ指数として，熱中症予防情報サイトで公表している．

参考文献

1) 井上宇市：空気調和ハンドブック(1982)，p.26，丸善
2) 空気調和・衛生工学会編：空気調和設備の実務の知識(1989)，p.17，オーム社
3) 井上宇市：空気調和ハンドブック(1982)，p.199，丸善
4) 井上宇市：空気調和ハンドブック(1982)，p.203，丸善
5) 山田治男：冷凍および空気調和(1985)，p.282，養賢堂
6) 井上宇市：空気調和ハンドブック(1982)，p.31，丸善
7) 空気調和・衛生工学会編：空気調和設備の実務の知識(1989)，p.18，オーム社
8) 山田雅士：建築の結露(1988)，pp.79〜239，井上書院
9) 空気調和・衛生工学会編：空気調和設備の実務の知識(1989)，p.16，オーム社
10) ASHRAE：1989 Fundamentals Handbook(1989)，p.8.2
11) D. DuBois and E. F. DuBois：A fomula to estimate approximate surface area, if height and weight are known, Archives of Internal Medicine, 17(1916), pp.863〜871
12) ASHRAE：1997 Fundamentals Handbook(1997)，pp.8.1〜8.28
13) A.P.Gagge,et al.：A standard predictive index of human response to the thermal environment, ASHRAE Transaction, No.1(1986), pp.709〜731
14) P. O. Fanger：Thermal Comfort(1970), McGraw-Hill
15) C. P. Yaglou and D. Minard：American medical association, Arch. Industrial Health, 16 (1957), pp.302〜316
16) ISO-7243：Hot environments-estimation of the heat stress on working man, based on the WBGT-index(wet bulb globe temperature) (1989)
17) 熱中症予防研究委員会：日常生活における熱中症予防指針(Ver.3)(2013)，日本生気象学会
18) 公益財団法人日本体育協会：スポーツ活動中の熱中症予防ガイドブック(2013)
19) 小野雅司ら：通常観測気象要素を用いたWBGTの推定，日本生気象学会誌, Vol.50, No.4(2014)，pp.147〜157

第 3 章

空気調和システムと空気線図

3・1 空調方式と空気線図

　空調の目的は，人間の居住域や作業空間の快適性を確保することと，生産工程での製造品の品質を確保することに大別される．それぞれの環境は，外的要因も含め千差万別で，要求品質に対し必要十分な空調方式選択の検討が必要である．

　代表的な空調方式の空気線図上での表現と，システム設計計画での活用法を説明する．

(1) 空調負荷の分類

　空調方式を検討するうえで空調負荷の各要素を理解しておく必要がある．**図3.1**に空調負荷の分類と各要素を示す．空調負荷は大きく室内負荷，装置負荷，熱源負荷の三つに分かれる．この中で室内負荷・装置負荷にあたるところが空気線図に関係する．

　室内負荷は，冷房負荷の場合は外部から入ってくる熱と内部発熱である．外部から入ってくる熱は構造体負荷，日射負荷，すきま風負荷であるが，近年は建物の気密性が高くエントランス以外のすきま風負荷は無視することが多い．内部発熱は照明負荷，人体負荷，機器負荷である．

　室内負荷は人体負荷とすきま風負荷以外は顕熱であり，人員の状況で顕熱比が変わる．

　暖房負荷は外部に出ていく熱であり，構造体負荷とすきま風負荷である．内部発熱は暖房負荷を減らす方向に働くが，暖房負荷としてはゼロとする．

ペリメータとインテリア

ペリメータ：外周部または外皮ともいう．構造体負荷や日射負荷などで外部の影響を受け，方位・季節により負荷が変動する．

インテリア：内部または内周部ともいう．内部発熱などで，方位・季節による変動は少ない．インテリアでは冬でも冷房が必要な場合もある．

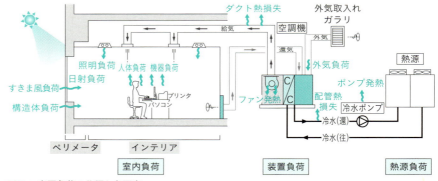

図 3.1 空調負荷の分類と各要素

(2) 空調方式の概要

　表3.1に代表的な空調方式とその特徴，適用建物用途を示す．以降，各空調方式について空気線図上の動きを説明する．

表3.1 代表的な空調方式と建物用途

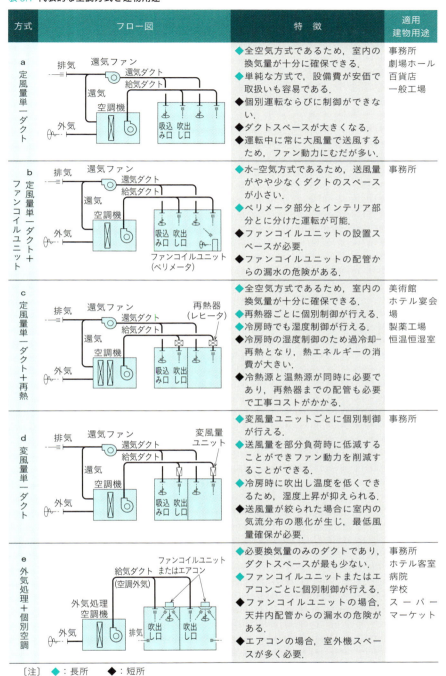

単一ダクト方式と二重ダクト方式

単一ダクト方式に対して二重ダクト方式と呼ばれる方式がある。二重ダクト方式とは、冷風用のダクトと温風用のダクトの2系統のダクトを室内に給気し、室内負荷に応じてそれらを混合して給気する方式である。

スペースとコストの点などから、近年はほぼ皆無である。

誘引方式

誘引方式とは空調機より送風される一次空気を高速でノズルから吹き出すことで、噴流による誘引を引き起こす方式である。給気温度の関係で熱源側に制約があるのと、誘引ユニットの騒音の点から、近年はほぼ皆無である。

(3) 各システムの空気線図での表現

a. 定風量単一ダクト方式

定風量単一ダクト方式は、全空気方式の中で基本となる方式で、その構成を図3.2に示す。空調機から一定風量を常時、室内へ送風する方式である。図は空調対象ゾーンを2室としているが、システムによってはさらに多数を対象と

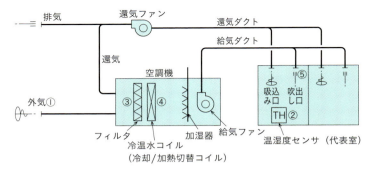

図 3.2 定風量単一ダクト方式

する場合や1室のみとなる場合もある.

室内負荷の変動に対しては，給気風量は一定として給気乾球温度を変動させて，室温を一定にする方式であり，冷房時の湿度はなりゆきとなる（湿度がなりゆきになる理由は後述）.

また，熱負荷の特性が異なるゾーンを1系統の空調機とする場合，温湿度センサを設置したゾーン（代表室）以外のゾーンの室温は設定値から外れるため，複数ゾーン用としては，負荷特性の類似した場合に採用するシステムである.

i) 冷房時の湿り空気線図上の動き

標準的な各部の温湿度の動きを**図3.3**に示す. ③から④が冷却コイル負荷となり，④から⑤は送風機発熱による温度上昇を，⑤から②が室内負荷による状態変化を示す.

室内の顕熱負荷の変動に対しては，⑤の吹出しポイントの乾球温度を変動させる.

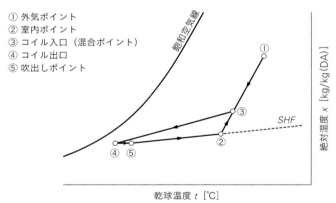

図 3.3 冷房時の空気線図上の動き

ii) 暖房時の湿り空気線図上の動き

標準的な各部の温湿度の動きを，**図3.4**に示す. ③から④が加熱コイル負荷，④から⑤が加湿負荷，⑤から②が室内負荷による状態変化を示す. **図3.4**における加湿過程の空気線図は蒸気加湿の場合である（以下，**図3.25**以外の暖房時の空気線図は蒸気加湿の場合）.

室内顕熱負荷の変動に対し，④の乾球温度を変動させ，室内湿度の変動に対

加熱時のファン発熱
加熱時のファン発熱は暖房負荷低減となるので，安全サイドとして一般には考慮しない.

3・1 空調方式と空気線図

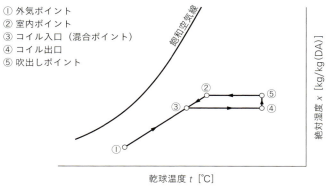

図 3.4 暖房時の空気線図上の動き

し，④から⑤の加湿量を制御する．

b. 定風量単一ダクト＋ファンコイルユニット(ペリメータ)方式

定風量単一ダクト＋ファンコイルユニット方式は，ペリメータ負荷をファンコイルユニットにインテリア負荷および外気負荷を空調機に分担して処理する方式であり，その構成を図 3.5 に示す．

インテリア負荷は主に内部発熱であり，負荷傾向は室内の活動に依存するが，ペリメータ負荷は日射の状況によって方位ごと，時間ごとに変動する．インテリアとペリメータで空調システムを変えることで，より負荷変動に対して室内温度の維持が図れる．

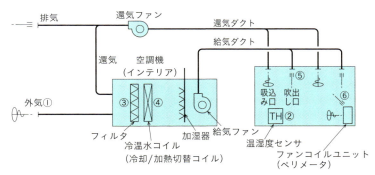

図 3.5 定風量単一ダクト＋ファンコイルユニット(ペリメータ)方式

i) 冷房時の湿り空気線図上の動き

標準的な各部の温湿度の動きを，図 3.6 に示す．ファンコイルユニットの線図は，ファンコイルユニットのコイル入口が②の室内空気で，状態変化は装置顕熱比線上で表され吹出し口は⑥となり，⑥から②がペリメータ負荷による状態変化を示す．

室内インテリア顕熱負荷の変動に対しては空調機にて⑤の吹出し乾球温度を変動させる．ペリメータ顕熱負荷の変動に対しては，ファンコイルの風量の切替か冷水量を制御することにより吹出し温度⑥を変動させることで対処する．

ファンコイルユニットの風量切替
自動的に風量を切り替えることもできるが，設備費の点から強−中−弱の手元スイッチによる段階切替が一般的である．

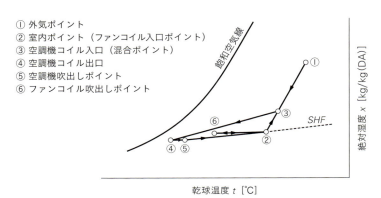

図 3.6 冷房時の空気線図上の動き

ii) 暖房時の湿り空気線図上の動き

標準的な各部の温湿度の動きを図 3.7 に示す．ファンコイルユニットの線図は，ファンコイルユニットのコイル入口が②の室内空気で，状態変化は顕熱比（SHF）＝1.0 の線図上となる．

室内インテリア顕熱負荷の変動に対しては，空調機にて⑤の乾球温度を変動させ，ペリメータ顕熱負荷の変動に対しては，ファンコイルの風量の切替か温水量を制御することによる吹出し温度⑥を変動させることで対処する．

室内湿度の変動に対しては，空調機にて④から⑤の加湿量を制御する．

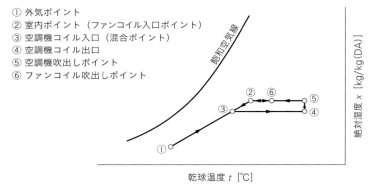

図 3.7 暖房時の空気線図上の動き

c．定風量単一ダクト＋再熱（レヒータ）方式

定風量単一ダクト＋再熱方式は，定風量単一ダクト方式の冷房時の室内湿度の上昇を解消し，各室ごとに個別温度制御が可能な方式であり，その構成を図 3.8 に示す．部屋ごとに給気ダクトに再熱器（レヒータ）を設置する．再熱器は温水コイルが多いが，蒸気コイルや電気ヒータの場合もある．

空調機からの給気出口を露点制御することで，室内湿度を一定に維持し，室内顕熱負荷の変動に対しては再熱器により給気温度を変動させて，室温を一定にするシステムである．

冷水コイルによる除湿にも加熱コイルと加湿器による加湿にも常に対応できるように，空調機には冷水コイルと温水コイルをそれぞれ組み込む必要がある．

露点温度制御
給気ダクトに設置した露点温度センサが設定値になるように，除湿時は冷水コイル流量を加湿時は加湿量を制御する．

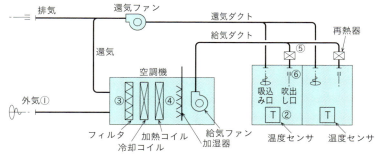

図3.8 定風量単一ダクト＋再熱方式

Column ミキシングロスによりエネルギーを浪費していた残念な事例

近年は事務所機器の発熱量の増大で，冬にペリメータのファンコイルは暖房運転，インテリア空調機は冷房運転の場合がある．

某事務所でインテリア空調機は冷房で設定温度は22℃，ペリメータファンコイルは暖房で設定温度は24℃としていたところ，イメージ図に示すように，インテリア空調機の気流とペリメータファンコイルの気流が混合する部分でミキシングロスが発生していた．

ミキシングロスの要因としては，①設定温度，②気流状況などが考えられる．

某事務所の場合，インテリアの設定温度よりもペリメータの設定温度を下げることでミキシングロスは解消し，エネルギー消費が30％下がった．

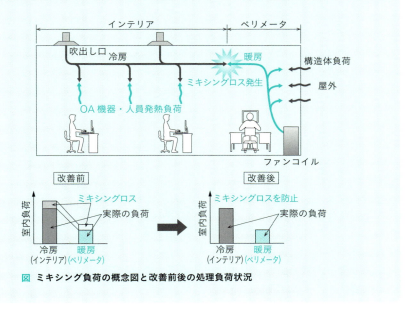

図 ミキシング負荷の概念図と改善前後の処理負荷状況

i） 冷房時の湿り空気線図上の動き

標準的な各部の温湿度の動きを図3.9に示す．空調機の冷水コイル出口を設計室内湿度に保つことができる露点温度に過冷却し，室内の顕熱負荷変動に対しては，再熱器にて給気を⑥の状態へヒートアップして制御する．最大負荷時においてはヒートアップが必要ないため，⑤＝⑥となる．

冷水温度と冷水コイル出口空気温度
顕熱比が小さい場合や，室内の絶対湿度目標値が低い場合には冷水コイル出口空気温度の限界との兼合いで，冷水の代わりにブラインなどを採用する場合がある．

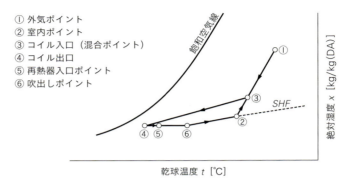

図3.9 冷房時の空気線図上の動き

ii） 暖房時の湿り空気線図上の動き

標準的な各部の温湿度の動きを図3.10に示す．空調機の吹出し乾球温度は，室内暖房負荷が最小時に再熱器による再熱が若干必要となる程度に決定する．③から④が加熱コイル負荷，④から⑤が加湿負荷となる．

室内の顕熱負荷変動に対しては，冷房時と同様に，再熱器にて給気を⑥の状態へヒートアップして制御する．最小負荷時はヒートアップが必要ないため，⑤＝⑥となる．

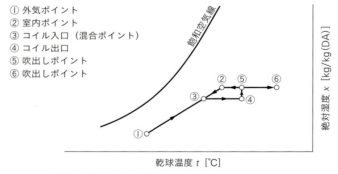

図3.10 暖房時の空気線図上の動き

室内環境維持のため最小風量の確保
室内負荷に比例して送風量を絞っていく制御のため，室内の給気量減少によるじんあいなどの滞留に注意を要する．例えば変風量ユニットに下限値を設ける対応がある．
また，空調機への外気量についても，室内のCO_2濃度などの維持のため，最低風量の確保対策が必要である．

d. **変風量単一ダクト方式**（VAV方式）

変風量単一ダクト方式は，空調機の吹出し乾球温度を一定に保ち，負荷変動に対して各室ごとの変風量ユニット（VAV）により給気量を増減させる方式で，その構成を図3.11に示す．熱負荷の特性が異なる部屋やゾーンを同一の空調機で空調する場合に採用されるシステムである．

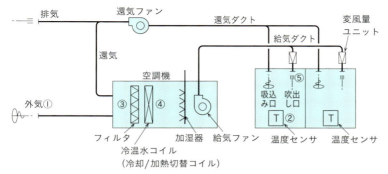

図 3.11 変風量単一ダクト方式（VAV方式）

i) 冷房時の湿り空気線図上の動き

標準的な各部の温湿度の動きを図 3.12 に示す．空調機の出口は，設計室内湿度に保つことができる露点温度とし，室内の顕熱負荷変動に対して，吹出し温度は変動させずに，変風量ユニットにより給気風量を制御する．吹出し温度は固定しているので，室内の顕熱比の変動が小さい場合には室内湿度は維持できるが，顕熱比の変動が大きいと，室内湿度の維持が難しくなる．

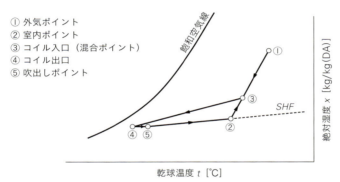

図 3.12 冷房時の空気線図上の動き

ii) 暖房時の湿り空気線図上の動き

標準的な各部の温湿度の動きを図 3.13 に示す．空調機の吹出し乾球温度は，室内最大負荷時に最大の送風量にて，室温を制御できるポイントにて決定する．室内の顕熱負荷変動には，冷房時と同様に吹出し温度は固定とし，変風

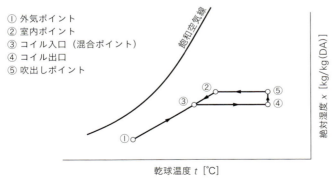

図 3.13 暖房時の空気線図上の動き

量ユニットによる送風量を変動させる．③から④が加熱コイル負荷，④から⑤が加湿負荷となる．

室内湿度の変動に対しては，空調機で④から⑤の加湿量を制御する．

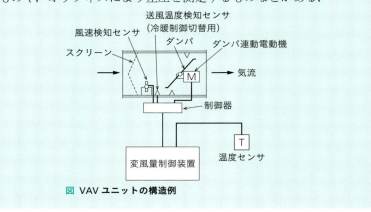

> **Column　変風量ユニット**（VAVユニット）
> 　VAVとはVariable Air Volumeの略で構造は風量測定部と風量調整部により構成されており，外部からの風量信号によって，自動的に風量制御をする．変風量制御装置もVAVユニットに組み込む場合もある．
> 　風量測定の方法はメーカーにより異なり，風速を熱線風速計などで測定するものや，オリフィスにより差圧を測定するものなどがある．
>
> 図　VAVユニットの構造例

外気処理エアコン
外調機の代わりに外気処理エアコンを採用する場合があるが，加湿性能や機外静圧などの確認が必要である．

e. 外気処理空調機＋個別空調方式（ファンコイルユニット，エアコン）

外気処理空調機（以下，外調機と呼ぶ）では外気負荷のみを処理し，各室の室内負荷処理についてはファンコイルユニットやパッケージエアコンなどの個別空調を設置する方式であり，その構成を図3.14に示す．

各室の負荷変動に対しては，それぞれの部屋のファンコイルユニットやパッケージエアコンが個別に給気温度の制御をすることで室内乾球温度を一定に維持する．

近年はパッケージエアコンの性能向上や個別運転が容易な点などにより，外調機＋パッケージエアコン方式の比率が高くなってきている．

冷房時の外調機の吹出し温度
外調機の吹出し温度を室内と等エンタルピーとするか，潜熱負荷を処理するポイントとするかは，設計者の考え方による．
外気処理エアコンの場合は吹出し温度は一般には室内と等エンタルピー程度となっている．

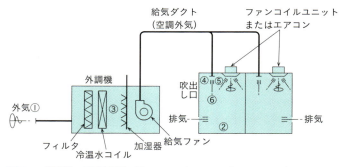

図3.14　外調機＋個別空調方式（ファンコイルユニット，エアコン）

i) 冷房時の湿り空気線図上の動き

外気負荷については，外気負荷のエンタルピーのみを対象として室内と等エン

タルピーのポイントまで冷却する場合と，外気の潜熱負荷と室内の潜熱の処理まで見込むポイントまで冷却する場合とがある．

前者の場合は外気潜熱の一部は室内の潜熱負荷となる．後者の場合は外気の潜熱負荷はすべて外調機で処理するが，室内顕熱負荷も一部処理をしてしまう．

前者の場合の各部の温湿度の動きを図 3.15 に示す．外調機からの吹出しポイント④が室内と等エンタルピーになるように外気を冷却して室内に給気する．

ファンコイルユニットの線図はコイル入口が②の室内空気で，外調機の吹出しとファンコイルユニットの吹出しの混合ポイント⑥が SHF 線上になるような温度まで冷却する．

室内の顕熱負荷変動に対して，ファンコイルユニットまたはパッケージエアコンの制御をする．

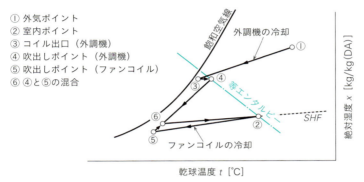

図 3.15 冷房時の空気線図上の動き

ii) 暖房時の湿り空気線図上の動き

標準的な各部の動きを図 3.16 に示す．外調機は外気を室内乾球温度と同じポイント③まで顕熱比（SHF）＝1.0 で加熱し，室内絶対湿度と同じポイント④まで加湿する．

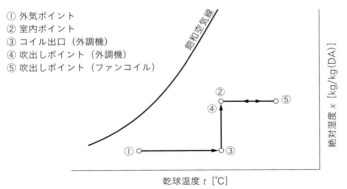

図 3.16 暖房時の空気線図上の動き

ファンコイルユニットの線図は，コイル入口が②の室内空気で，状態変化は顕熱比（SHF）＝1.0 の線図上となり，吹出しポイントは⑤となる．

室内の顕熱負荷の変動に対して，ファンコイルユニットまたはパッケージエアコンを制御をする．

室内の湿度変動に対しては外調機で③から④の加湿量を制御する．

外気処理エアコンと暖房

外気処理エアコンを採用した場合，暖房時はエアコン室外機の除霜運転で頻繁に停止することを理解しておく必要がある．

(4) 定風量単一ダクト方式における空調機能力選定事例

前項までは，代表的な空調方式について，概要と空気線図上の動きを説明した．本項では，定風量単一ダクト方式の場合について事例を通して空気線図の書き方や機器の能力選定についての実務的な方法を解説する．

本事例では空調機から2部屋に給気している状況を設定し，空調システムを図3.17に示す．このとき，室内と外気の温湿度条件を表3.2に，各室の室内負荷を表3.3に示す．表中の補正後の顕熱負荷は，躯体負荷や内部発熱等の室内顕熱負荷に補正係数を乗じ，ダクト表面からの放熱等やファンの発熱（冷房負荷のみ）を加えた，空調機の冷水コイル出口から室内までの総顕熱負荷を表している．実務的には室内顕熱負荷の10〜15%増しにすることが多い．

空調機の還気は2部屋の平均値的な値となる．冷房負荷は9時，12時，14時，16時の4パターンの負荷計算を行い，最大負荷で空調機の能力選定をする．

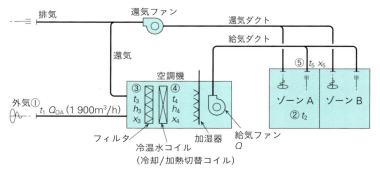

図3.17 空調システムフロー図

表3.2 室内ならびに外気条件

	冷房時		暖房時	
	室内	外気	室内	外気
乾球温度 [℃]	26.0	35.0	22.0	0.0
相対湿度 [%]	50	60	50	40
絶対湿度 [kg/kg(DA)]	52.9	71.2	43.0	3.8
比エンタルピー [kJ/kg(DA)]	0.0105	0.0160	0.0082	0.0015

表3.3 室内負荷

	室内負荷（冷房時）					室内負荷（暖房時）	
	顕熱負荷 q_s [kW]				潜熱負荷 q_L [kW]	顕熱負荷 q_s [kW]	潜熱負荷 q_L [kW]
	9:00	12:00	14:00	16:00		9:00	
ゾーンA	14.9	18	24.3	22.2	2.4	18.0	0
ゾーンB	9.2	12	17.1	16.1	1.7	12.0	0
A+B	24.1	30	41.4	38.3	4.1	30	0
補正係数	×1.1（ダクト表面からの放熱等） ×1.05（ファンの発熱）				↓	×1.1 （ダクト表面からの放熱等）	
ゾーンA（補正後）	17.2	20.8	28.1	25.6	2.4	20.8	0
ゾーンB（補正後）	10.6	13.9	19.7	18.6	1.7	13.9	0
A+B（補正後）	27.8	34.7	47.8	44.2	4.1	34.7	0

a．冷房負荷時の空気線図

i) 第1ステップ：室内外ポイント①，②のマーキング

設計上の室内ポイント②と外気ポイント①をマークする（図3.18）．

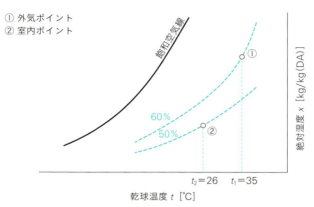

図3.18 室内外ポイントのマーキング

ii) 第2ステップ：顕熱比 SHF ラインを引く

最大負荷時（14:00）の室内負荷は

  A＋B 室内顕熱負荷 q_s＝47.8 kW

  A＋B 室内全熱負荷 q_T＝q_s＋q_L＝47.8＋4.1＝51.9 kW

であり，顕熱比 SHF＝47.8/51.9＝0.92 となる．

設計上の室内ポイントから顕熱比 SHF＝0.92 のラインを引く（図3.19）．

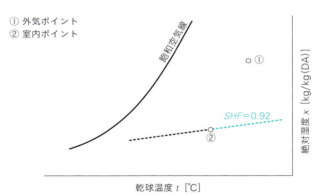

図3.19 顕熱比 SHF のライン引き

iii) 第3ステップ：冷水コイル出口ポイント④のマーキング

第2章2・2節(1)項では，仮に吹出し温度差を決めてポイント⑤を求め，次にファン発熱を計算してポイント④を求める方法を説明したが，ポイント④がおおむね相対湿度90〜95％とならない場合には，試行錯誤的に吹出し温度差を求め直す必要がある．そこで，ここでは冷水コイル出口ポイント④を先に定める実務的手法について説明する．

減湿冷却時の冷水コイル出口の相対湿度はおおむね90〜95％となることから（3・3節(1)項 c の減湿冷却時の出口空気特性を参照），第2ステップで引いた顕熱比 SHF＝0.92 のラインと相対湿度95％の曲線との交点を冷水コイル出口ポイン

冷水温度と除湿

熱源の冷水供給温度は以前は7℃が多かったが，近年，熱源の省エネルギーを目的として冷水温度を上げる傾向がある．

冷水温度を上げすぎると除湿に必要な冷水コイル出口空気温度にできない場合がある．除湿が必要な部屋がある場合には冷水温度に注意が必要である．

ト④としてマーキングする（図3.20）．一般的には冷水コイル出口空気温度は14〜16℃となることが多い．顕熱比が0.70以下である場合や，室内設計温度条件が23℃よりも低い場合には冷水コイル出口空気温度が低くなり，冷水温度などに注意が必要である．

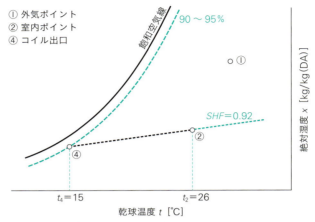

図3.20 吹出しポイントのマーキング

iv) 第4ステップ：給気風量の算出

室内冷房顕熱負荷の最大値 q_s[kW] と給気風量 Q[m³/h] は，式(3.1)の関係となる．

$$q_s = c_p \cdot 1/v_0 \cdot Q \cdot (t_2 - t_4) \times 1/3\,600 \quad \cdots\cdots(3.1)$$

空調機の給気風量

空調機の給気風量は室内顕熱負荷から計算する．

ここに，空気の定圧比熱 $c_p = 1.006$ kJ/(kg(DA)·K)

空気の比容積 $v_0 = 0.83$ kg(DA)/m³

である．式(3.1)を変形して，

$$Q = \frac{q_s \cdot v_0 \times 3\,600}{c_p \cdot (t_2 - t_4)} \quad \cdots\cdots(3.2)$$

室内乾球温度 $t_2 = 26.0$℃，冷水コイル出口乾球温度 $t_4 = 15.0$℃であるので，

$$Q = 47.8 \times 0.83 \times 3\,600/\{1.006 \times (26.0 - 15.0)\} = 12\,900 \text{ m}^3/\text{h}$$

となる．

Aゾーンの室内冷房顕熱負荷の最大値 $q_s(A) = 28.1$ kW

Bゾーンの室内冷房顕熱負荷の最大値 $q_s(B) = 19.7$ kW

から，Aゾーンの給気風量は

$$Q_A = 12\,900 \times 28.1/(28.1 + 19.7) = 7\,600 \text{ m}^3/\text{h}$$

Bゾーンの給気風量は

$$Q_B = 12\,900 \times 19.7/(28.1 + 19.7) = 5\,300 \text{ m}^3/\text{h}$$

v) 第5ステップ：室内吹出し空気ポイント⑤のマーキング

冷水コイル出口④と吹出し口ポイント⑤との間では，ファン発熱やダクトからの放熱などにより温度上昇する．

14:00の冷房負荷については 47.8 − 41.4 = 6.4 kW の補正を見込んでいるので，式(3.2)より，Δt_5 は 1.5℃の温度上昇となる．

ポイント⑤としては，ポイント④から絶対湿度一定に1.5℃を加えたポイントとなる（図3.21）．

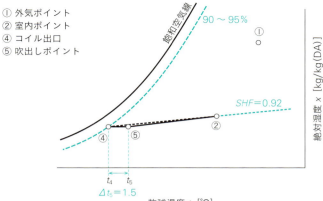

図 3.21 吹出しポイントのマーキング

vi）第 6 ステップ：冷水コイル入口ポイント③のマーキング

冷水コイル入口は，室内と外気の混合であり，ポイント①と②のライン上のポイントとなる．そのポイントは，式(3.3)より算出される．

$$\frac{t_3 - t_2}{t_1 - t_2} = \frac{Q_{OA}}{Q} \quad \cdots\cdots (3.3)$$

ここに，外気量 $Q_{OA} = 1\,900$ m³/h

式(3.3)を変形して，

$$t_3 = \frac{Q_{OA}}{Q}(t_1 - t_2) + t_2 \quad \cdots\cdots (3.4)$$

$$= 1\,900/12\,900 \times (35.0 - 26.0) + 26.0 = 27.3\,℃$$

となり，コイル入口ポイント③がマークされる（**図 3.22**）．

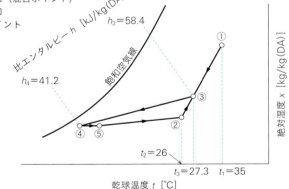

図 3.22 冷水コイル入口ポイントのマーキング

vii）第 7 ステップ：冷水コイル負荷の算出

冷水コイルの処理負荷 q_c [kW] は，

$$q_c = \frac{1}{v_0} \cdot Q \cdot \frac{h_3 - h_4}{3\,600} \quad \cdots\cdots (3.5)$$

$$= \frac{1}{0.83} \times 12\,900 \times \frac{58.4 - 41.2}{3\,600} = 74.3\,\text{kW}$$

空調機の冷却熱量の求め方

空調機の冷却熱量の算出は
　室内負荷
　外気負荷
　ファン発熱等
の合算である．それぞれ単独に計算して求めることができるが，空気線図を活用すればコイルの出入口差より導ける．

と算出される.

b. 暖房負荷時の空気線図

i) 第1ステップ：室内外ポイント①②とコイル入口ポイント③のマーキング

設計上の室内ポイント②と外気ポイント①をマークする．コイル入口ポイント（室内と外気間の混合ポイント）については，式(3.4)より

$$t_3 = \frac{1\,900}{12\,900} \times (0.0 - 22.0) + 22.0 = 18.8\,℃$$

となり，ポイント③がマークされる（図 3.23）．

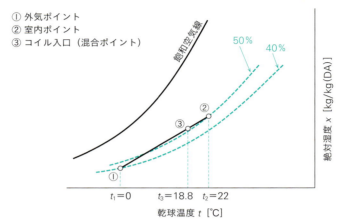

図 3.23 室内外ポイントのマーキング

ii) 第2ステップ：吹出しポイント⑤のマーキング

暖房顕熱負荷と吹出し温度差は，式(3.6)の関係にある．

$$q_s = c_p \cdot 1/v_0 \cdot Q \cdot (t_5 - t_2) \times 1/3\,600 \qquad \cdots\cdots (3.6)$$

式(3.6)を変形して，吹出しポイントの乾球温度 t_5 は

$$t_5 = \frac{q_s \cdot v_0 \times 3\,600}{c_p \cdot Q} + t_2 \qquad \cdots\cdots (3.7)$$

$$= \frac{34.7 \times 0.83 \times 3\,600}{1.006 \times 12\,900} + 22.0 = 30.0\,℃$$

となり，吹出しポイント⑤がマークされる（図 3.24）．

空調機の暖房時の給気風量

空調機の風量は一般には室内冷房顕熱負荷により決まり，暖房時の加熱コイル負荷を計算する際には冷房時に求めた風量により計算する．

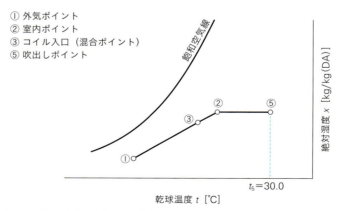

図 3.24 吹出しポイントのマーキング

iii）第 3 ステップ：コイル出口ポイント④のマーキング

コイル出口ポイント④は，ポイント③から絶対湿度一定ライン上にあり，加湿方式により違いがある．

水加湿の場合は，ポイント⑤から熱水分比 $u=4.186\,t_w$（t_w は加湿水の水温）にて引いたラインとの交点がポイント④となるが，滴下式加湿の場合は第 2 章 2・1 節(4)項の説明にあるように，湿球温度一定もしくは熱水分比 $u=0$ の状態変化としても実用上問題はない（図 3.25）．

蒸気加湿の場合は蒸気温度が 100 ℃ として，ポイント⑤から熱水分比 $u=2\,674$ kJ/kg にて引いたラインとの交点がポイント④となる（図 3.26）．

熱水分比の使い方

実用上は
水加湿
　$u=0$ kJ/kg
蒸気加湿
　$u=2\,674$ kJ/kg
とする場合が多い．

加湿方式による暖房負荷の違い

蒸気加湿よりも滴下式加湿のほうが空調機の暖房負荷が大きくなり，一見非効率のようであるが，蒸気加湿ではボイラーなどで水を蒸気にするためにエネルギーを使っている．

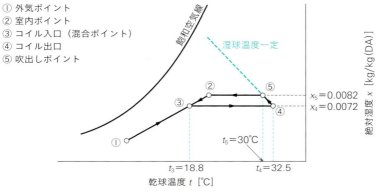

図 3.25　温水コイル出口ポイントのマーキング（滴下式加湿）

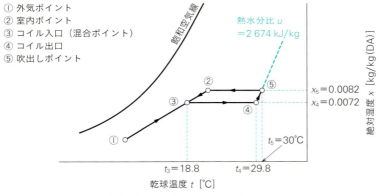

図 3.26　温水コイル出口ポイントのマーキング（蒸気加湿）

蒸気加湿時の空気線図上の動き

蒸気加湿時にはやや加熱されるが，実務上には加熱分は余裕として考え，空気線図上の④から⑤の動きは，乾球温度一定に絶対湿度のみを変化させることが多い．

iv）第 4 ステップ：加熱コイル負荷の算出

加熱コイルの処理負荷 q_h は，式(3.8)より算出される．

$$q_h = c_p \cdot \frac{1}{v_0} \cdot Q \cdot \frac{t_4 - t_3}{3\,600} \quad \cdots\cdots (3.8)$$

滴下式加湿の場合は，

$$q_h = 1.006 \times \frac{1}{0.83} \times 12\,900 \times \frac{32.5 - 18.8}{3\,600} = 59.5 \text{ kW}$$

蒸気加湿の場合は，

$$q_h = 1.006 \times \frac{1}{0.83} \times 12\,900 \times \frac{29.8-18.8}{3\,600} = 47.8\text{ kW}$$

と算出される．

v) 第5ステップ：加湿量の算出

加湿量 L[kg/h]は，式(3.9)より算出される．

外気量からの加湿量の計算
式(3.9)の風量を外気風量，x_4 を外気の絶対湿度とすることで，加湿量を外気量から計算することも可能である．

$$L = \frac{1}{v_0} \cdot Q \cdot (x_5 - x_4) \quad \cdots\cdots (3.9)$$

$$= \frac{1}{0.83} \times 12\,900 \times (0.0082 - 0.0072) = 15.5\text{ kg/h}$$

3・2 温湿度制御と空気線図

(1) 最大負荷と部分負荷

制御が違えば線図も違う
室内の何を目標に制御するか，それによって空気線図は違うものとなる．
例えば，冷房時の制御目標が，
　冷却限定か？
　冷却＋除湿か？
により大きな違いが生じる．

前節では，最大負荷時の空気線図を示したが，現実には最大負荷時間帯は少なく，部分負荷時間帯が大半を占める．図 3.27 に某建物の熱源冷水負荷の度数分布を示す．最大負荷の時間はほとんどなく，負荷率 50% 以下の時間が 80% 以上という状況であった．機器容量の設計は最大負荷で行うが，部分負荷時にどのような状況になるのかを理解しておくことは重要である．

部分負荷時の空気線図は最大時とは異なり，制御システムによって違いが生じる．ここでは，その差異をわかりやすくするために，外気条件は変動せず室内負荷のみ変動した場合について説明する．

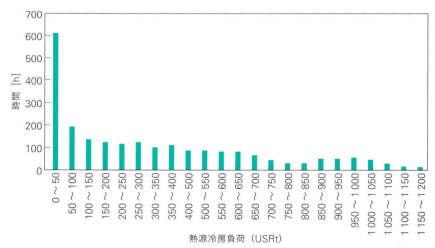

図 3.27　某建物の熱源冷水負荷の出現分布

(2) 定風量単一ダクト方式

定風量単一ダクト方式のフロー図を図 3.28 に示す．冷温水コイルとし，冷房時は冷水コイル，暖房時は温水コイルに切り替える場合について説明する．

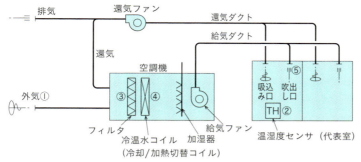

図3.28 空調フロー図

a. 冷房負荷時

部分負荷時の空気線図を図3.29に示す．式(3.1)より，室内顕熱の処理負荷は給気風量と吹出し温度差 Δt（制御目標温度－吹出し温度）に比例するが，定風量方式

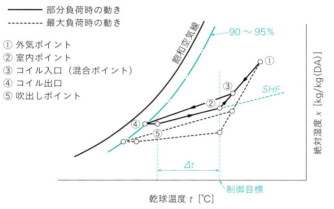

図3.29 冷房部分負荷時の空気線図

コイル出口空気温度と冷温水量

コイル出口温度を変動するのに，一般的にはコイルの冷水量や温水量を制御する．水量制御の方法には二方弁と三方弁とがある．
近年はポンプ電力削減の点から，二方弁の採用が多い．

Column サーバー室の湿度が90％になってしまった話
（大は小を兼ねない）

「大は小を兼ねる」で余裕を持って空調機器の選定を行いたくなるが，部分負荷時には「大は小を兼ねない」ことが多々発生する．

ある医療機器サーバー室の冷房用エアコンを選定したときのこと．サーバー発熱の情報がなかなか出てこないので，「大は小を兼ねる」で別のサーバー室用熱負荷の1.5倍の余裕を見てエアコンを選定した．

ところが，竣工後しばらくして「サーバー室の湿度が90％になっている」と連絡が入った．エアコンの容量が過大で，医療機器を運転していないときにはエアコンの圧縮機が発停を繰り返し，ほとんどドレンが出ない状況であった．

エアコンを2分割していたので，1台を停止することで圧縮機は継続して運転し，湿度上昇は解消した．2台に分割していたから良かったものの，1台なら交換するはめになっていたかもしれない．「大は小を兼ねない」ものだと知らされた経験である．

において給気風量は一定であるので，室内顕熱負荷変動に対しては吹出し温度を変化させる．湿度は制御していないため，吹出し温度に応じて相対湿度はなりゆきとなる．

部分負荷時における空気線図は，まず，室内顕熱負荷から吹出し温度差Δtを算出し，ファン発熱などの影響を考慮してコイル出口の乾球温度を求める．コイル出口の相対湿度は，コイルの冷却特性から90～95％程度である．この乾球温度と相対湿度から，ポイント④ならびにポイント⑤が決まる．さらに，ポイント⑤から，室内顕熱比に従って引いたラインと室内乾球温度のラインの交点がポイント②となる．

部分負荷時は最大負荷時と比較してポイント④の絶対湿度が高くなり，室内相対湿度が高くなる．

b. 暖房負荷時

部分負荷時の空気線図を図 3.30 に示す．室内乾球温度を制御目標として負荷に応じて吹出し温度を変動させる．

暖房時は湿度（相対湿度）についても制御目標であり，加湿量を制御する．

空気線図上での最大負荷時と部分負荷時との差異は，吹出し温度差Δtが減りポイント④と⑤が変化するところにある．

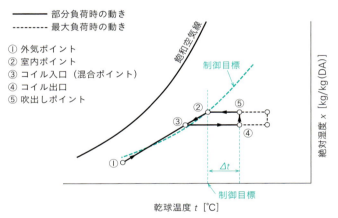

図 3.30 暖房部分負荷時の空気線図

(3) 定風量単一ダクト＋再熱（レヒータ）方式

定風量単一ダクト＋再熱（レヒータ）方式の空調フロー図を図 3.31 に示す．空

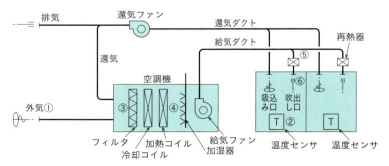

図 3.31 定風量単一ダクト＋再熱方式

調機には冷水コイルと温水コイルがあり，冷水と温水を同時に制御可能であり，さらに各室に再熱器（レヒータ）がある．室内温度制御は再熱器にて行う．

a．冷房負荷時

定風量単一ダクト方式では室内の顕熱負荷変動に対して，空調機の吹出し温度を変化させていたため，室内温度は維持できても相対湿度はなりゆきであった．再熱を加えることで室内湿度制御（除湿）のための過冷却を冷水コイル，室内温度制御を再熱器と分けることができ，湿度制御も可能となる．

部分負荷時の空気線図を図3.32に示す．まず，ポイント②から室内顕熱比に従ってラインを引く．次に室内顕熱負荷から吹出し温度差Δtを計算し，吹出し温度をこのライン上にマークする．このポイントが⑥となる．

> **冷房時の室内湿度条件**
> 冷房時の湿度条件については一般には設計条件というよりは機器選定条件と考えたほうがよい．
> 湿度を維持しようとすると除湿器を導入するか，過冷却-再熱制御が必要であり，イニシャルコストもランニングコストもかかることを知っておかねばならない．

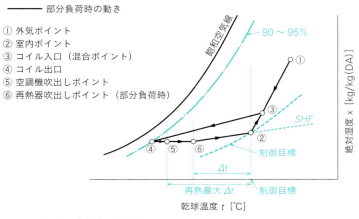

図3.32 冷房部分負荷時の空気線図

一方，ポイント④は，絶対湿度がポイント⑥と同一で，相対湿度は，コイルの冷却特性から90〜95％程度となる．ファン発熱などの影響によりポイント④からやや温度上昇し空調機から各再熱器へ給気され，再熱器にて目標の室温コントロールのためポイント⑥まで加熱する．

除湿は必要だが室内顕熱負荷が少ない場合でも室内温度維持が可能なように，再熱器はポイント⑤から室内制御目標温度のポイント②までの加熱能力が必要である．

b．暖房負荷時

部分負荷の空気線図を図3.33に示す．室内乾球温度を制御目標として負荷に応じて室内乾球温度を維持するように再熱コイルの吹出し温度④を変化させる．

空調機の温水コイルは加湿を行うための一次加熱と考え，③をやや加熱したものがポイント④，次に制御目標の室内湿度になるように加湿量を制御し，ポイント⑤となる．

ポイント⑥は室内暖房負荷により，吹出し温度差Δtで決まる．複数の部屋それぞれに再熱器がある場合には部屋ごとの暖房負荷状況に応じてポイント⑥が異なる．

ここで再熱器の能力選定には注意が必要である．暖房最大負荷を処理できる

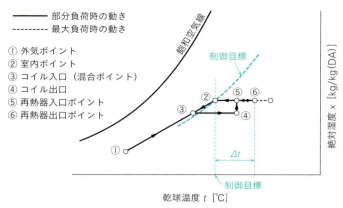

図3.33 暖房部分負荷時の空気線図

能力が必ずしも再熱器の選定能力とは限らない．前述の冷房時に必要な再熱能力のほうが大きい場合があり，両者の必要能力を比較して大きいほうの能力を選定する必要がある．

(4) 変風量単一ダクト方式

変風量単一ダクト方式の空調フロー図を図3.34に示す．定風量単一ダクト方式において風量一定で室内顕熱負荷に応じて吹出し温度差を変化させたが，変風量単一ダクト方式においては吹出し温度差Δtは一定とし，室内顕熱負荷に応じて変風量ユニット（VAV）の風量を変化させる．

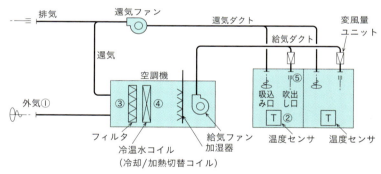

図3.34 空調フロー図

a. 冷房負荷時

部分負荷時の空気線図を図3.35に示す．部分負荷時でも空気線図上の動きは定風量単一ダクト方式の最大負荷時とほぼ同じである．湿度自体を制御目標とはしていないので顕熱比によって室内相対湿度はなりゆきとなるが，冷水コイル出口温度は固定であるため，定風量単一ダクト方式のように，湿度が大きく上昇することは少ない．

ただし，室内風量を少なくすると排気とのバランス，室内じんあい除去，二酸化炭素濃度などに問題が起こるため，最小風量を設定する．そのため，冷房負荷が小さく最小風量以下となる場合には，吹出し温度を上げる制御を行い，定風量単一ダクト方式と同じように室内湿度は変動する．

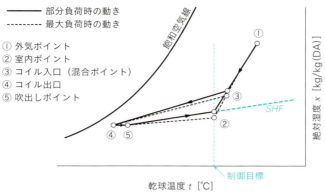

図 3.35 冷房時の空気線図

b．暖房負荷時

部分負荷の空気線図を図 3.36 に示す．部分負荷時も最大負荷時と同一の空気線図となる．暖房負荷が最小風量以下となる場合には吹出し温度を変化させる．

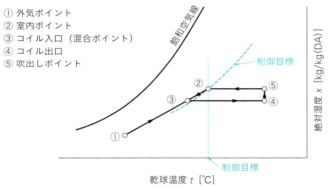

図 3.36 暖房時の空気線図

> **Column　ファンインバータによる変風量制御と省エネルギー**
>
> インバータとは，交流をいったん直流に変換し，次に交流に変換する際に周波数を変更するものであり，風量，静圧，消費電力は周波数に対して以下の関係がある．
>
> 　　風量　∝　周波数
> 　　静圧　∝　周波数^2
> 　　消費電力　∝　周波数^3
>
> つまり，風量を 1/2 にすると，消費電力は
>
> 　　$(1/2)^3 = 1/8$
>
> となる．
>
> 変風量方式は，負荷の変動に対してファンの回転数をインバータ制御することによって消費電力を下げることができ，省エネルギーを図れるシステムである．

変風量方式ではＶＡＶの風量の変動に対して，空調機のファンの風量も制御する必要がある．このとき，風量変動に対してファンの回転数をインバータ制御する場合は省エネルギーとなるが，電動ダンパの開度制御の場合は抵抗変動により風量を変化させるため省エネルギーにはならない．

(5) コイルバイパス制御

前述のように，定風量単一ダクト方式は冷房時に湿度がなりゆきになるという問題があり，湿度制御を行うためには再熱が必要である．しかし，再熱のためには加熱熱源が必要であるのと，過冷却して再熱をするので余分にエネルギーがかかる．

そこで，再熱に室内の還気を利用するコイルバイパス制御と呼ばれる方法がある．図 3.37 に空調フロー図を示す．

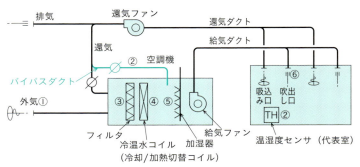

図 3.37 空調フロー図

a. 冷房負荷時

部分負荷時の空気線図を図 3.38 に示す．コイルを通過する側のポイント④は定風量単一ダクト方式の最大負荷時のコイル出口温度と同じであるが，室内顕熱負荷を処理できる吹出し温度差になるようにバイパス風量を制御する．

図 3.38 ではバイパスダクトとしているが，バイパス制御が組み込まれたバ

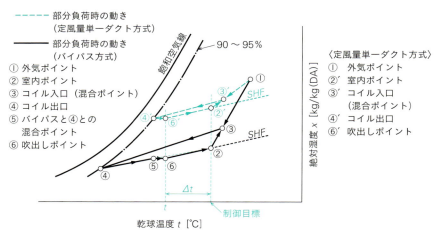

図 3.38 冷房時の空気線図

イパス制御組込み型空調機もある．

再熱に還気を利用しているので，加熱源が必要なく，簡易的に冷房時の湿度制御を実現できる．しかし負荷が小さく，（吹出し風量－バイパス風量）が外気風量以下の場合にはバイパス風量を増やすことができないので，冷水コイルの出口温度をあげる必要があり，湿度はなりゆきとなってしまう．

b. 暖房負荷時

暖房負荷時はバイパス量はゼロとし，定風量単一ダクト方式と同じである．

3·3 空調関連機器の選定

(1) 空気冷却器と空気加熱器（水－空気熱交換器）

空気調和機の機能のうち特に重要な役割を果たすのが空気冷却器，加熱器である．

ここで使われるエネルギーは大量であり空気線図に表す熱移動量も大きい．空気冷却器は空気の温度を下げる冷却と，冷却に伴って空気中の水蒸気を水滴の状態で取り去る減湿器（除湿器）としての機能を併せ持つ．なお，空気加熱器は空気の温度を上げる加熱のみの機能を持つ．

a. 冷却コイルと加熱コイル

空気冷却器と空気加熱器は兼用される場合が多く，熱媒が空気温度より低いときに冷却器となりその逆が加熱器である．また，空調機器の中では冷却コイル，加熱コイルと呼称するが，熱源が水のときには冷水コイルや温水コイルと呼称することが多い．

冷却用の熱媒には水，冷媒（フロンガスなど），ブライン（不凍液）やシャーベット状の氷水や井水などが使われ，加熱用には温水，冷媒，高温水，蒸気などが用いられる．

図3.39に代表的なフィンチューブ型の冷却，加熱コイルを示す．

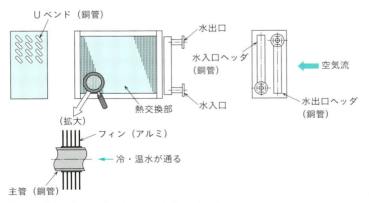

図3.39 冷却・加熱コイルの例（フィンチューブ型）

冷却と加熱
冷却や加熱は人を対象とした快適空間づくりだけでなく，コンピュータの環境づくりや精密機械製造など産業用としても極めて重要な役割を果たす．コイルはその心臓部である．

ブライン
もともと塩水の意味があるが，空調分野では不凍液の0℃以下で使う熱媒液をいう．エチレングリコールやプロピレングリコールの水溶液が多い．

冷却コイル
冷却コイルは冷却と除湿の両機能をもつ．冷却加熱の兼用コイルでは加熱器にもなる．

フィンの形状
フィンはプレート形状が一般的で，フラット形，ウェーブ形，スリット形，ルーバー形などがある．

コイルの材料
熱伝導が良く耐食性のある銅管と，フィンはアルミニウムが一般的，他に水質により銅合金，ステンレスなども使われる．

b. コイルの選定

コイルは熱媒の種類や冷却空気の性状などにより多くの種類があり，また熱交換効率を上げるために種々の工夫が凝らされてもいる．負荷計算の結果を受けてコイルの設計，選定を行う．設計には伝熱工学のデータも取り扱う必要があるが，選定しやすいようにメーカーがカタログにデータ提供しているものを利用するのが一般的である．

コイルの選定は，コイル通過風速から定められるコイル正面面積と所要列数を決定することである．図 3.40 に冷房コイル，図 3.41 に暖房コイルの決定手順を示す．具体的な決定手順を，冷房コイルを例に下記条件について示す．

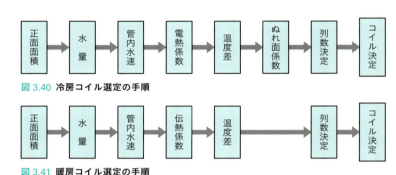

図 3.40 冷房コイル選定の手順

図 3.41 暖房コイル選定の手順

コイルの選定
コイルは，風量(面風速)で正面面積が決まり，熱量で列数(厚み)が決まる．

コイル通過風速
面風速ともいう．処理風量をコイルの正面面積(前面投影面積)で除した値．公共建築工事標準仕様書では，
・ユニット型 2.5 m/s 以下
・コンパクト型 3.0 m/s 以下
としている．メーカー標準仕様ではユニット型・コンパクト型ともに 3.0 m/s 以下としている．

コイル正面面積
空気流が通過するコイルの前面投影面積．

コイル有効長さ
空気流が通過するコイルの幅方向の長さ．

コイル管内水流速
公共建築工事標準仕様書，メーカー標準仕様とも 2.0 m/s 以下としている．

[条件]

冷却全熱量 q：120 kW
風量 Q：15 000 m³/h（外気量 4 500 m³/h，還気量 10 500 m³/h）
①外気(OA)：乾球温度(DB) 34.0℃；相対湿度(RH) 60%
②還気(RA)：乾球温度(DB) 26.0℃；相対湿度(RH) 50%
⑤入口水温 t_{w1}：7℃　　⑥出口水温 t_{w2}：12℃
コイル風速 U_f：2.6 m/s 以下　　コイル有効長さ Le：2 000 mm

i) コイル正面面積 A_f[m²] の算出

$U_f = 2.5$ m/s として，

$A_f = Q/(3\,600\,U_f)$
$= 15\,000/(3\,600 \times 2.5) \fallingdotseq 1.67$ m²

ii) コイル水量 G[l/min] の算出

$G = 60q/\{4.186(t_{w2} - t_{w1})\}$
$= 60 \times 120/\{4.186 \times (12-7)\} = 344$ l/min

iii) コイル管内水流速の算出

管1本当たりの水量を管の断面積で除して求める．ヘッダの分配管数（段数）22 本として 1 本当たりの水量は，

$344/22 \fallingdotseq 15.63$ l/min $= 0.2605 \times 10^{-3}$ m³/s

断面積は管の内径 15 mmφ コイルとして，

$\pi r^2 = \pi \times 7.5^2 = 176.6$ mm² $= 176.6 \times 10^{-6}$ m²

コイル管内水流速は，

$0.2605 \times 10^{-3}/(176.6 \times 10^{-6}) \fallingdotseq 1.48$ m/s

iv) 伝熱係数（熱通過率）K_f [W/(m²·K·Row)] の算出

伝熱係数はコイル性能を示す最も重要な値で，フィンの形状，材質や水速，風速などによって決まる．コイル 1 列（Row）当たり，空気通過面積（正面面積）1 m² 当たり，水と空気の平均温度差 1℃ 当たりの伝熱量で表す．

図 3.42 に伝熱係数の一例を示す．図 3.42 より，水速 1.48 m/s，コイル正面風速 2.5 m/s のときの $K_f = 850$ W/(m²·K·Row) となる．

K_f 値
コイル正面面積を基準にする以外に，フィン全面積を基準にすることもある．

平行流（並流）の場合
本文では対向流で求めているが，Δt_m は $\Delta_1 = t_{a1} - t_{w1}$，$\Delta_2 = t_{a2} - t_{w2}$ であるから，Δt_m は対向流（向流）よりも低く不利となる．

コイルの能力
同一のコイルでも温度，風速などの条件が異なればコイル能力は変化する．

水速と風速
浴槽で湯をかき混ぜれば，静かにしているときよりも熱い．水流により伝熱が高まるためである．涼しい風や寒い風も風速と伝熱の関係である．

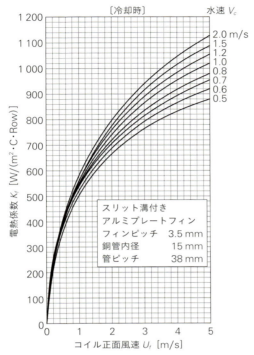

図 3.42 伝熱係数（7 フィン型）

v) 対数平均温度差 Δt_{lm} [℃] の算出

図 3.43 のように空気線図を作成し空気入口温度（t_{a1} [℃]）と空気出口温度（t_{a2} [℃]）を求める．

t_{a1} は外気（OA）と還気（RA）の混合空気温度で空気線図より線分して求めてもよいが，次式で計算できる．

$$t_{a1} = \{(OA\,温度 \times OA\,量) + (RA\,温度 \times RA\,量)\}/(OA\,量 + RA\,量) \quad \cdots\cdots (3.10)$$
$$= \{(34 \times 4\,500) + (26 \times 10\,500)\}/(4\,500 + 10\,500) = 28.4℃$$

t_{a2} は装置露点温度とコイルバイパスファクタから求める方法もあるが，減湿冷却時の出口空気特性で述べるとおり一般的な冷却コイルの出口空気は相対湿度 95% の線上を変化するものとして扱い，次式により出口空気の比エンタルピー（h_2 [kJ/kg(DA)]）を求め，相対湿度 95% の交点から t_{a2} を求める．

$$h_2 = h_1 - \frac{3\,600\,q}{\rho Q} \quad \cdots\cdots (3.11)$$

ここに，$h_1 =$ 入口空気の比エンタルピー [kJ/kg(DA)]
$\rho =$ 空気の密度（標準状態 1.2 kg/m³）
$h_2 = 62.6 - (3\,600 \times 120)/(1.2 \times 15\,000) = 38.6$ kJ/kg(DA)

対数温度差
コイルにおける水と空気の温度差の平均値であり，詳しくは第 5 章を参照．

空気の混合

混合点は風量比で決める．計算によるか空気線図で線分して求める．SHFが小さい（潜熱の比率が大きくなる）ほど大きくなる．

ぬれ面係数：WSF

WSFは凝縮水による伝熱係数K_f値の補正値である．
凝縮水の出ない加熱コイルの場合はWSF＝1．

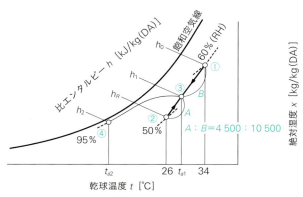

図3.43　入口，出口の空気温度を求める

出口空気温度$t_{a2}＝14.3℃$を空気線図より読み取る．これらの値からΔt_{lm}は，

$$\Delta t_{lm}＝(\Delta_1－\Delta_2)/\ln(\Delta_1/\Delta_2) \qquad \cdots\cdots (3.12)$$

$\Delta_1＝t_{a1}－t_{w2} \qquad \Delta_2＝t_{a2}－t_{w1}$

$\quad ＝\{(28.4－12)－(14.3－7)\}/2.30\log_{10}\{(28.4－12)/(14.3－7)\}$

$\quad ＝11.25℃$

コイルの性能

列数を求める計算式
$Row＝(1\,000q)/(K_f\cdot\Delta t_{lm}\cdot A_f\cdot WSF)$
コイルの性能は，
$\quad K_f\cdot\Delta t_{lm}\cdot A_f\cdot WSF$
で決まる．

vi) ぬれ面係数WSFの算出

ぬれ面係数は結露水による熱伝達値の補正値でSHFが1〜0.4の範囲では次の実験式が用いられる．

$$WSF＝1.04\times SHF^2－2.63\times SHF＋2.59 \qquad \cdots\cdots (3.13)$$

SHFはコイルの顕熱比（顕熱／全熱）

$$SHF＝(t_{a1}－t_{a2})/(h_1－h_2) \qquad \cdots\cdots (3.14)$$

$\quad ＝(28.4－14.3)/(62.6－38.6)≒0.59$

$WSF＝1.04\times0.59^2－2.63\times0.59＋2.59≒1.40$

列数の余裕

管の内面やフィン汚れによる能力低下を見越し，コイル列数は計算結果の5〜20％増しとする．

vii) コイル列数Rowの算出

$$Row＝(1\,000q)/(K_f\cdot\Delta t_{lm}\cdot A_f\cdot WSF) \qquad \cdots\cdots (3.15)$$

$\quad ＝(1\,000\times120)/(850\times11.25\times1.67\times1.4)≒5.36$ 列

計算結果に10％の余裕を見て$5.36\times1.1＝5.89\to6$列とする．
決定コイルの形状と温度の状態を図3.44に示す．

兼用コイルの列数

冷却と加熱を兼用するコイルでは冷却と加熱の両計算を行い列数の大きいほうを採用する．

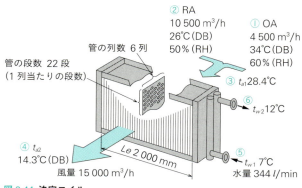

図3.44　決定コイル

c. 減湿冷却時の出口空気特性

空気調和機に用いられる一般的なコイルおよび冷却条件〔列数：6〜12列，風速：2〜3 m/s，水速：0.5〜2 m/s，入口水温：5〜9℃，入口空気温度(DB)：25〜35℃，(WB)20〜30℃〕の場合，冷却時の空気の状態変化は図3.45に示すようにまず顕熱変化のみの冷却から始まり（空気露点温度より水温が低くフィンが湿り状態であっても，初期冷却時は空気線図に変化を与えるほどの減湿はない），相対湿度が70〜80％に達した時点で徐々に減湿を伴った冷却となり，おおむね相対湿度が95％の線上に沿って変化する．

点①から点③への移行は点②を経由し，冷却と同時に減湿が起こるような①－③を直線的には移行しない．

> **出口空気温度**
> 冷却除湿コイルの一般的な空気条件では，95％(RH)線上で扱う．

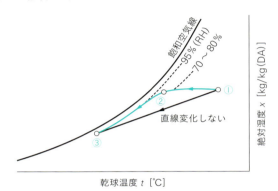

図3.45 出口空気の特性

したがって，減湿を伴うコイル出口空気はこの曲線上の位置である．

ただし，直線で結んでも変化量に差異はないし線図を描きやすいこともあって直線で示すことも多い．本章においても，空気出口の状態点は相対湿度95％の線上として扱い入口，出口の変化を差し障りのないものは直線で表している．

d. 水温変化によるコイル特性

表3.4(a)，(b)に水温によるコイルの冷却能力の変化の一例を示す．冷却コイルの場合は，能力の調整を水温変化で行う．冷房時の水温は通常5℃から15℃の範囲で制御される．水温が上昇するにしたがって，除湿能力（q_L）が低下する．例では水温15℃では顕熱処理だけで減湿はなくなる（コイル表面温度が空気の露点温度以上となる）．

> **湿度上昇**
> 冷却コイルにおける空気の状態変化は，まず顕熱冷却から始まり，その後減湿を伴った冷却を行う．そのため，部分負荷時のコイル出口空気は，一般的に吹出し温度が高く，除湿能力が低下して室内の湿度が上がる傾向にある．

表3.4 水温変化の全熱と顕熱の比率と出口空気温度（一例）（水温7℃時に全熱100％が基準）

(a) 水温変化による出口空気温度

入口水温 [℃]	全熱 q_t	顕熱 q_s	潜熱 q_L	q_s/q_t	q_L/q_t	出口空気水温 [℃]
5	114	70	44	0.61	0.39	13.6
7	100	65	35	0.65	0.35	14.7
9	87	60	27	0.69	0.31	15.7
11	73	55	18	0.75	0.25	16.7
13	58	50	8	0.86	0.14	17.8
15	45	45	0	1.0	0	18.7

(b) 水温変化による冷却能力比

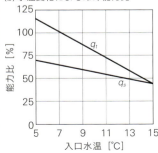

また，風速・水速を変化させた場合に，それぞれの条件下において空調機のコイル能力がどのように変化するかを図 3.46，図 3.47 に参考として示す．

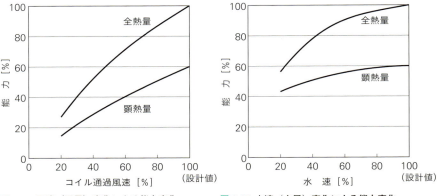

図 3.46 風速（風量）変化による能力変化　　図 3.47 水速（水量）変化による能力変化

e. 電気ヒータ

加熱能力[kW]は電気ヒータ（電熱用コイル）容量 E[kW] と同一である．

電気ヒータは簡便な加熱源として利用しやすく，温熱源のないときに再熱用などに使用することが多い．

ヒータ容量 E[kW]における温度上昇値 Δt[℃]は，風量を Q[m³/h]，空気の密度と比熱を ρ [kg/m³]，c_p[kJ/(kg·K)]とすると次式となる．

$$\Delta t = 3\,600 \times \frac{E}{c_p \cdot \rho \cdot Q}$$

> **Column　電気をそのまま熱に変える愚かさ**
>
> 加熱が必要な場合に安易に電気ヒータを採用してはいないだろうか．電気ヒータによる加熱は加熱方式としては止むを得ない場合の方法であることを理解しておく必要がある．
>
> 熱源機器の効率評価に使用する成績係数（COP：Coefficient Of Performance）は加熱熱源では加熱能力/熱源消費電力である．
>
> 電気ヒータの COP は 1 であるのに対し，ヒートポンプの COP は 3〜4 程度であり，同じ加熱をするのに電力は 1/3〜1/4 で済むことになる．
>
> さらに，冷水熱源，発電機，生産装置，燃焼機器などの廃熱を熱回収すれば加熱に必要なエネルギーはほぼゼロの場合もある．
>
> 地球温暖化問題に直面している昨今，安易な電気ヒータの利用は極力避けたいものである．

(2) 加湿器

適切な湿度は空気環境にとって重要な要素である．低湿度はウイルスの増殖を招いたり，静電気を起こしたりして健康上問題でもある．空気中の水分不足を補うために，用途目的別に種々の加湿器が使用される．ただし，加湿過多に

よる高湿度は，窓面や壁面などでの結露・かびの発生原因にもなるため，注意が必要である．

a．加湿器の種類と適用

加湿器には水加湿と蒸気加湿があり，水加湿には水気化式と水噴霧式がある．表 3.5 に加湿器の種類を示す．

[記　号]

t_1：加湿入口空気温度 [℃]　　　　　G：空気量 [kg/h]
t_2：加湿出口空気温度 [℃]　　　　　L：噴霧水量 [kg/h]
t_3：飽和空気温度 [℃]　　　　　　　Δx：加湿量 [kg/h]
x_1：加湿入口空気の絶対湿度 [kg/kg(DA)]　η_m：飽和効率 [%]
x_2：加湿出口空気の絶対湿度 [kg/kg(DA)]　η_w：加湿効率 [%]
x_3：飽和空気の絶対湿度 [kg/kg(DA)]

表 3.5 加湿器の種類と適用

	種類	加湿の方法	空気線図 (熱水分比)	特徴
水気化式	滴下式	上部からの滴下水で加湿材をぬらし，自然蒸発により加湿する．	飽和空気線 $u=0$ [kJ/kg]	自然蒸発式ともいう．クリーン加湿，再凝縮の心配はない．
	透湿膜式	水は通さず蒸気を通す透湿材による膜表面から加湿する．		小容量向けで，水の使用量は少ない．透湿膜の目詰まりに注意．
水噴霧式	高圧水スプレー式	0.2～0.7 MPa の圧力でノズルにより微水滴を噴霧する．		加湿効率 25～50%，加湿ベースとエリミネータが必要．
	遠心式	円盤の回転による遠心力で霧化し微水滴を噴霧する．		不純物の混入多い．消費電力，水量ともに少ない．工場などの室内直接噴霧の使用が多い．
	圧縮空気噴霧式 (二流体噴霧式)	水と圧縮空気を同時に噴出し，超微粒水滴を噴霧する．		大容量加湿向けで，装置が大がかりであり，加湿スペースが必要．
蒸気式	直接噴霧 (蒸気管スプレー)	ボイラからの蒸気を管の小穴から吹き出す．	飽和空気線 $u=2\,680$ [kJ/kg] (蒸気温度 100℃)	蒸気加湿の一般的なもの．スプレー管の種類は多い．
	間接噴霧	蒸気-水を熱交換し，二次発生蒸気を吹き出す．		ボイラの水処理剤を含まないクリーン加湿．用途は病院など．
	電極式	水中に電極を入れジュール熱により蒸発を発生する．		個別にクリーン加湿が得られる．1 kg の蒸気を得るのに約 760 W の電力が必要．電極の交換や水槽のスケールたい（堆）積防止に軟水器が必要．
	電熱式	電熱ヒータを水中に入れ加熱し蒸気を発生する．		

b．加湿器の選定の要件

加湿方式や加湿器の決定には，用途や使用目的に合ったものを選定することが大切である．イニシャルコストとランニングコスト，さらに制御性や，加湿効率，飽和効率，使用水の条件や電力事情，また設置スペースなどが重要な要素である．

c. 水加湿器(水噴霧式と水気化式)の空気の状態変化

通常の水加湿では，空気量に対する噴霧または散水水量が極端に小さく，また常温の水の顕熱は潜熱に比べて小さいため断熱変化として扱う．したがって，状態変化は水温が多少変わっても湿球温度一定の線上変化とする．

図 3.48 で点①から加湿する場合，実際に加湿できる範囲は点②までであり，点③には達しない．①−③に対して実際に加湿できる①−②の割合を飽和効率 η_m という．

飽和効率と加湿効率

飽和効率
$\eta_m = (x_2 - x_1)/(x_3 - x_1) \times 100 \, [\%]$

加湿効率
$\eta_w = (G \Delta x / L) \times 100 \, [\%]$

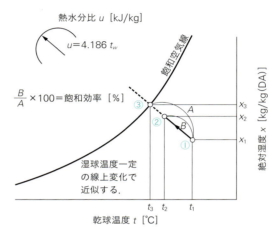

図 3.48 水加湿の飽和効率

$$\eta_m = (x_2 - x_1)/(x_3 - x_1) \times 100 \quad \cdots\cdots (3.16)$$
$$= (t_2 - t_1)/(t_3 - t_1) \times 100 \, [\%] \quad \cdots\cdots (3.17)$$

飽和効率は，噴霧水と空気の接触時間や加湿器の種類によって異なる．高圧水スプレー式で最大 30％，滴下式では加湿材の選択によって最大 95％ となる．

噴霧または散水水量に対する加湿量の割合を加湿効率 η_w という．

$$\eta_w = \frac{G \Delta x}{L} \times 100 \, [\%] \quad \cdots\cdots (3.18)$$

水空気比 L/G

L/G は空気量 G [kg/h] に対する噴霧水量 L [kg/h] の比．
加湿目的の L/G は，0.005〜0.02 程度で，非常に少ないため水温は影響しない．
$u = 0 \, \text{kJ/kg}$ とする．

η_w は入口空気の相対湿度と水空気比 L/G によって変化し，それぞれ低いほど加湿効率は上がる．水噴霧式や気化式加湿は，蒸発により加湿が行われるた

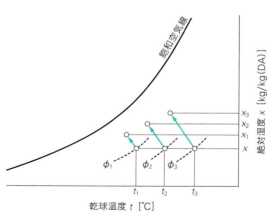

図 3.49 相対湿度と加湿量

め，図3.49に示すように相対湿度が低いほど蒸発が促進され，加湿量は増加(x_3 $-x$)し，高い相対湿度域では低下する(x_1-x)．このことを加湿量の自己調整作用（セルフコントロール）という．

ただ，相対湿度が高くなれば加湿効率が低下するから，噴霧量制御をしない限り排出水が増えて不経済である．

> **Exercise 3.1**
> 風量 15 000 m³/h，温度 35℃，絶対湿度 0.007 kg/kg(DA)の空気を絶対湿度 0.010 kg/kg(DA)に水噴霧加湿を行う場合の出口空気温度を求めよ．また，その点における飽和効率（η_m）と噴霧水量（L），水空気比（L/G）を求めよ（加湿効率30%，熱水分比 $u=0$ kJ/kg，$\rho=1.2$ kg/m³ とする）．

蒸発冷却
冷却熱量と加湿熱量がバランスし，熱収支が0のときをいう．

Answer

図3.50より，$t_1=35$℃，$x_1=0.007$の点から$u=0$の線上の$x_2=0.010$との交点を求める．

$t_2=27.5$℃

飽和効率：飽和空気線上の$x_3=0.0136$だから，

$\eta_m=(0.010-0.007)/(0.0136-0.007)\times 100 \fallingdotseq 45.5\%$

噴霧水量：$L=15\,000\times 1.2\times(0.01-0.007)/0.3=180$ kg/h

水空気比：$L/G=180/(15\,000\times 1.2)=0.01$

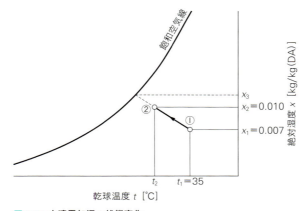

図3.50 **水噴霧加湿の状態変化**

Column 加湿がのらない！（水滴下式加湿器における飽和効率の不理解）

種々の加湿方式の中で，近年は水滴下式の採用が多い．特にパッケージエアコンに加湿器を組み込む場合はほとんどが水滴下式である．

しかし，水滴下式を選定するうえでは加湿量だけではなく，飽和効率も選定上必要なことを理解していない場合が意外と多い．某オフィスビルで，「冬の相対湿度が35%にしかならない！」との連絡があった．このときの機器リストからの空気線図は図(a)であり，飽和効率は22%である．

ところが，実際にはオフィス内はOA機器の発熱が大きく，暖房はほとんど必要のない状態であった．室内暖房負荷ゼロ（給気温度＝室内温度）の場合，図(b)に示すように，飽和効率22%では室温22℃においては相対湿度35%にしかならない．

相対湿度40%にするためには飽和効率を39%とする必要があった．水滴下式の場合，暖房負荷最小時での飽和効率を必ずチェックする．

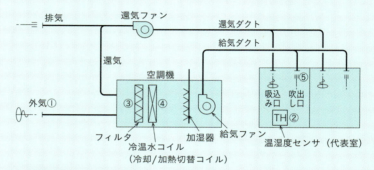

図 定風量単一ダクト方式

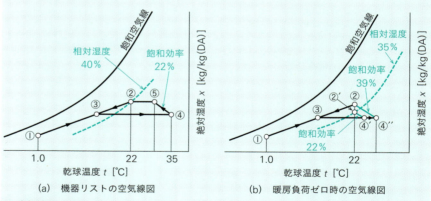

(a) 機器リストの空気線図　　(b) 暖房負荷ゼロ時の空気線図

図 空気線図

Column 水滴下式加湿方式における2段加湿

一般事務所ビルの外気処理空調機では水滴下式加湿方式において2段加湿が必要な場合はほぼないが,産業空調では条件によっては1段加湿では設計室内湿度条件を満足できない場合がある.その際は2段加湿という方法がある.

例えば,室内条件が乾球温度23℃,相対湿度55%の場合,加湿器1段では加湿器の入口温度を43℃としなければならず,45℃温水では加熱不足により必要加湿量を満足できない.

この場合,1段目で20℃まで加熱して一次的に加湿,2段目で35℃に加熱して二次加湿をすることで,⑤の点を得ることができる.

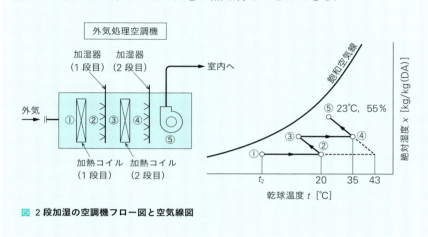

図 2段加湿の空調機フロー図と空気線図

d. 蒸気式加湿の状態変化

蒸気加湿の状態変化は蒸気温度を t_s[℃]とするとき,熱水分比 u[kJ/kg]は

$$u = 2\,501 + 1.805 t_s \qquad \cdots\cdots (3.19)$$

一般空調に利用する蒸気温度は約100℃だから,

$u ≒ 2\,680$ kJ/kg の線上変化となる.

蒸気による空気温度の上昇 Δt[℃]は,式(2.16)から,

$$\Delta t = 1.8(t_s - t_1)(x_2 - x_1) \qquad \cdots\cdots (3.20)$$

普通の空調条件ではΔtは1℃程度であるから,実用上無視して温度一定の線上変化として扱うこともある.

Exercise 3.2
蒸気温度130℃の蒸気加湿で $t_1=35$℃,$x_1=0.006$ kg/kg(DA)から$x_2=0.015$ kg/kg(DA)まで加湿する場合の t_2[℃]と u[kJ/kg]を求めよ.

Answer
図3.51 より,① $t_1=35$℃,$x_1=0.006$ kg/kg(DA),② $x_2=0.015$ kg/kg(DA)として,

$\Delta t = 1.8(130-35)(0.015-0.006) ≒ 1.5$

再蒸発距離

噴出直後の蒸気は空気に冷やされて霧状になる.この霧状の水滴が蒸発するまでの距離のことをいう.

蒸気加湿の熱水分比

$u = 2\,501 + 1.805 t_s$

$$t_2 = 35 + 1.5 = 36.5℃$$
$$u = 2\,501 + 1.805 \times 130 ≒ 2\,735\,\text{kJ/kg}$$

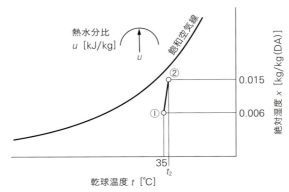

図 3.51 蒸気加湿の状態変化

（3） 空気熱交換器（全熱交換器と顕熱交換器）

排気熱を有効に利用し，省エネルギーを図るために用いられる空気対空気の熱交換器である．排気と外気の間で熱交換し外気負荷を軽減する熱回収として利用される．表 3.6 のように，それぞれ特徴を持った機種が市販されている．

顕熱と潜熱を同時に回収する全熱交換器と顕熱のみを熱回収する顕熱交換器がある．

全熱交換器の潜熱回収は透湿性のエレメントを介して，水分を移行させるため空気そのものの移行も少量だが生じる．排気に有害ガスを含むことや，菌や臭気の排気が給気に少量でも混入すること（コンタミネーション）を嫌う空調では，潜熱の回収をあきらめ，排気混入のない形式の顕熱交換器とすることが多い．

a. 全熱交換器の効率

[記　号]

- OA：外気（屋外空気）
- SA：給気（室内へ送気される空気）
- RA：還気（室内からの還気）
- EA：排気（室外へ排出する空気）
- Q：風量 [m³/h]
- h：比エンタルピー [kJ/kg(DA)]
- t：乾球温度 [℃]
- x：絶対湿度 [kg/kg(DA)]
- η_h：全熱効率（エンタルピー効率）[%]
- η_t：顕熱効率（温度効率）[%]
- η_x：潜熱効率（湿度効率）[%]
- q_h：全熱回収量 [kW]
- q_s：顕熱回収量 [kW]
- q_L：潜熱回収量 [kW]
- Δh：エンタルピー差 [kJ/kg(DA)]
- Δt：乾球温度差 [℃]
- Δx：絶対湿度差 [kg/kg(DA)]
- ρ：空気の密度（標準状態では 1.2 kg/m³ とする）
- c_p：空気の定圧比熱 [1.006 kJ/(kg·K)，実用的には 1.0 kJ/(kg·K)]
- h_s：水蒸気の比エンタルピー
  [$2\,501 + 1.805t$，標準状態（20℃）では 2 540 kJ/kg(DA)]

OA，SA，RA，EA の空気状態の記号を図 3.52 に示す．

コイルバッテリ
コイル-コイル式熱交換の方法をコイルバッテリ式ともいう．ピッチャーとキャッチャーのボールの投合いと熱のやり取りが似ているからである．

コンタノン（商品名）
排気混入が全くないコイル-コイル式のもので低エンタルピー側コイルに微細水滴を噴霧して，水滴の蒸発による冷却または加湿を利用した特殊な全熱交換器．

経年変化による能力低下
熱交換エレメントの汚れや水分吸収剤の減少，劣化などにより効率の低下がある．

「公共建築工事標準仕様」の効率規定
機器および材料，施工，試験などの仕様の標準化と質的水準の維持向上を目的に制定されている工事仕様書で，ここで規定されている効率は，給気，排気が同一で，面風速 2.5 m/s において全熱交換率 75% 以上である．

表 3.6 全熱・顕熱交換器の種類と適用

OA：外気（屋外空気）　　RA：還気（室内からの還気）
SA：給気（室内へ送気される空気）　EA：排気（室外へ排出する空気）

	回転ロータ式	静止式	ヒートパイプ式	コイル-コイル式
形状	（図）	（図）	（図）	（図）
	全熱・顕熱交換	顕熱交換	顕熱交換	顕熱交換
エレメントの種類	1) 難燃紙に吸収剤を含浸させたもの． 2) アルミはく[箔]に吸収剤を塗ったもの． 3) その他セラミック繊維，プラスチックシート，メタルシート，なども用いる．	同左 エレメントが金属プレートの顕熱交換器は，高湿の排ガス用．	管とフィン材 銅 アルミ 銅合金 鉄 ステンレスなど フィン：ラジアルフィン 　　　　プレートフィン	冷却コイルと同じものが多い． 管：銅 フィン：アルミ
効率	温度効率（全熱・顕熱） 70〜80％ （風速 2〜3 m/s） （風量比 OA/EA＝1）	温度効率（顕熱） 60〜70％ （風速 2〜3 m/s） （風量比 OA/EA＝1）	温度効率（顕熱） 40〜70％ （風速 2〜3 m/s） （風量比 OA/EA＝1）	温度効率（顕熱） 40〜60％ （風速 2〜3 m/s） （風量比 OA/EA＝1）
静圧	100〜200 Pa	100〜200 Pa	100〜300 Pa	100〜200 Pa
主な用途	ビル空調用	1) ビル空調用 2) 小型は，ファンを一体化して局所給排気用に．	1) 産業用の高温廃熱回収用 2) 動物飼育室	1) 動物飼育室 2) 製薬工場 3) RI 系統
特徴	1) 回転の動力必要． 2) 回転数制御で中間期の温度コントロールが可能． 3) 自己洗浄作用を持つ． 4) 小風量には適さない．	1) 動力が必要． 2) 温度コントロールにはバイパス． 3) 通路が必要． 4) 全熱効率と顕熱効率は多少異なる． 5) 小型の機種に適す．	1) 給排気混合がない． 2) 400℃以上でも使用できる． 3) 一般空調としては冷暖切替が不便．	1) 絶対に給排気混合がない． 2) 給気と排気位置が離れていても使用できる．

効率（熱交換効率）
効率（熱交換効率）とは，外気と換気のエンタルピー差に対する回収したエンタルピーの割合を示す．

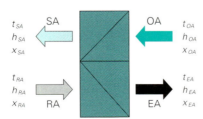

図 3.52 全熱交換器の空気状態

全熱交換器の効率は次のように表される．

熱量計算式

$q_h = Q \cdot \Delta h \cdot \rho / 3600$ [kW]
$q_s = Q \cdot \Delta t \cdot c_p \cdot \rho / 3600$ [kW]
$q_L = Q \cdot \Delta x \cdot h_s \cdot \rho / 3600$ [kW]

全熱交換器の効率

熱交換器の通過風速と風量比（＝排気量／給気量）で大きく変わる．

$$\eta_h = (h_{OA} - h_{SA})/(h_{OA} - h_{RA}) \times 100 \quad \cdots\cdots (3.21)$$
$$\eta_t = (t_{OA} - t_{SA})/(t_{OA} - t_{RA}) \times 100 \quad \cdots\cdots (3.22)$$
$$\eta_x = (x_{OA} - x_{SA})/(x_{OA} - x_{RA}) \times 100 \quad \cdots\cdots (3.23)$$

回転式全熱交換器の空気線図上の SA 点，EA 点は，実用上 OA と RA を結ぶ線上にあるとして扱う．したがって $\eta_t = \eta_x = \eta_h$ としてよい．効率は，OA と RA の空気量比と全熱交換器の通過風速によって変化し一定ではない．

図 3.53 に効率の一例を示す．熱回収量の求め方を次の *Exercise 3.3* で示す．

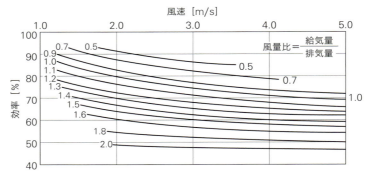

図 3.53 **全熱交換器の効率**

Exercise 3.3

[条　件]

外気風量 21 000 m³/h	温度 (DB) 34.0℃	(WB) 27℃
還気風量 15 000 m³/h	温度 (DB) 27.0℃	(WB) 19℃

図 3.53 の効率グラフを利用し，上記条件の空気を回転式全熱交換器で風速 3.2 m/s で設計したときの顕熱，潜熱，全熱の熱回収量と排気温度を算出せよ．

Answer

図 3.54 に示す空気線図より h_1, h_2, x_1, x_2 をそれぞれ読み取り，次に風量比＝21 000/15 000＝1.4 を求め，図 3.53 より $\eta = 62\%$ を求める．

t_3, h_3, x_3 は OA-RA 間を 62：38 に線分して求めるか，次のように計算する．

$t_3 = 34 - (34 - 27) \times 0.62 \fallingdotseq 29.7$
$h_3 = 85 - (85 - 54) \times 0.62 \fallingdotseq 65.8$
$x_3 = 0.0198 - (0.0198 - 0.0106) \times 0.62 \fallingdotseq 0.0141$

$q_h = Q \cdot \Delta h \cdot \rho / 3600 \quad \cdots\cdots (3.24)$
$\quad = 21\,000 \times (85 - 65.8) \times 1.2/3600 = 134.4$ kW

$q_s = Q \cdot \Delta t \cdot c_p \cdot \rho / 3600 \quad \cdots\cdots (3.25)$
$\quad = 21\,000 \times (34 - 29.7) \times 1.0 \times 1.2/3600 = 30.1$ kW

$q_L = Q \cdot \Delta x \cdot h_s \cdot \rho / 3600 \quad \cdots\cdots (3.26)$
$\quad = 21\,000 \times (0.0198 - 0.0141) \times 2\,540 \times 1.2/3600 \fallingdotseq 101.3$ kW

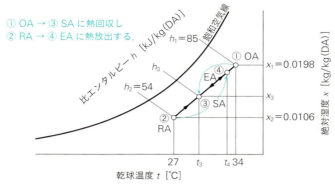

図 3.54 全熱交換器の熱回収量と排気温度

または，潜熱＝全熱－顕熱から 134.4 kW－30.1 kW＝104.3 kW となり 101.3 kW との差は，線図読取り差と式(3.24)で表されるように温度の関数である水蒸気のエンタルピーを 2 540 kJ/kg(DA) で近似していることによる．排気温度は風量比が逆転し，15 000/21 000＝0.714 となり図 3.53 から効率 82% を求める．

排気温度 t_4＝27＋(34－27)×0.82≒32.7℃

Exercise 3.4
顕熱交換器を用いた熱回収量と排気側空気の温度を求めよ．

[条 件]

OA：(DB)－2℃　(WB)－4.5℃　8 800 m³/h
RA：(DB)22℃　(WB)15.5℃　7 500 m³/h
交換効率は OA 側 η_1＝55%，EA 側 η_2＝65% とする．

Answer
式(3.22)と図 3.55 より熱回収量は，t_3＝－2＋(22－(－2))×0.55＝11.2℃
q_s＝8 800×(11.2－(－2))×1.2/3 600≒38.7 kW

EA 側の空気温度 t_{EA}＝t_4 と放熱量 q_s は，
　t_4＝22－(22－(－2))×0.65＝6.4℃
　q_s＝7 500×(22－6.4)×1.2/3 600＝39 kW

と計算できるが，6.4℃は飽和線を横切るため熱交換エレメントに結露が生じ，6.4℃までは下がらない．冷却コイルの冷却除湿と同じように，相対湿度95%線上を移動すると仮定して，空気線図より，h_2＝43.5 kJ/kg(DA)，t_4 の等乾球温度線と RA の絶対湿度線の交点の比エンタルピー h_4 は，

　h_4＝43.5－(3 600×39)/(7 500×1.2)＝27.9 kJ/kg(DA)

h_4 の等エンタルピー線上と相対温度95%の交点⑤の乾球温度9.7℃が排気温度となる．

　(22－9.7)×7 500×1.2/3 600≒30.8 kW が顕熱分で，
　39－30.8＝8.2 kW は潜熱分である．

以上のように顕熱交換器は高温側に結露を生じさせることが多く，給排気側とも顕熱だけを熱交換するものではないことに注意を要する．

回収量＝放出量

別の求め方は，熱回収量と放出量は等しいから回収量の 38.7 kW を用いてよい．
39－38.7＝0.3 kW の差は換算誤差．

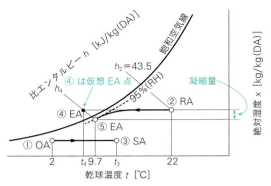

図 3.55 顕熱交換器の熱回収と排気温度

b. 全熱交換器の結露と凍結

Exercise 3.4 のように外気温度が低いときや温水プール，浴室系統など排気の湿度が高いときには図 3.56 に示すように空気線図上で飽和空気線を横切り，熱交換エレメント表面に結露が生じる．結露水は吸収剤を流出させるなどの支障をきたし効率の低下を起こす．0℃以下の温度では凍結し，エレメントを破損することもある．こんな場合，飽和線を横切らない点まで OA を予熱する必要がある．

> **結露に注意**
> 飽和空気線を横切る熱交換状態のときは，冷却コイルと同じように結露する．

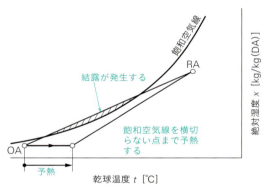

図 3.56 飽和空気線を横切る空気状態

c. 中間期の制御−外気冷房時の運転

春や秋の中間期には，室内温度より低い外気を取り入れて外気で室内発生負荷を処理する外気冷房システムが合理的であるが，全熱交換器のために外気温度が上昇し外気冷房効果が低下する．これを抑制するために，ロータの回転を低下させたり，間欠運転したり，また熱交換エレメントにバイパス通路を設けたりする必要がある．もともと，全熱交換器は外気負荷を低減し省エネルギーを図ることが目的であるから，熱回収が不要な温度帯においては，全熱交換器の空気抵抗分の送風機動力が損失となる．年間の熱回収量と年間の送風機動力を見極めた最適設計が大切である．

d. ファンの配列と還気・外気移行率

ファンの配列によって還気や外気の移行率が異なるため，建物の用途に応じてファンの配列を検討する必要がある．

図 3.57 にファンの配列と還気・外気移行率の例を示す.

① 排気吸込み・給気吸込み方式

② 還気押込み・外気押込み方式
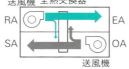

③ 排気吸込み・外気押込み方式
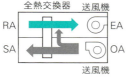

④ 還気押込み・給気吸込み方式
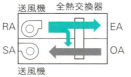

還気・外気移行率とは
還気移行率＝(OA 側に回り込む RA 量／全体 RA 量)×100
外気移行率＝(RA 側に回り込む OA 量／全体 OA 量)×100

ファン配列	還気移行率	外気移行率	記　事
1	1％程度	5％程度	良い配列
2	2％程度	4％程度	良い配列
3	0％程度	19％程度	外気移行大
4	111％程度	0％程度	還気移行大

図 3.57 **ファンの配列と還気・外気移行率の例**

(4) 空気調和機

空気調和機は，冷温水を使用するエアハンドリングユニットと冷凍機を備えたパッケージ型空調機に大別できる．一般的に前者をエアハンまたは単に空調機，後者をパッケージあるいはエアコンと呼ぶことが多い．

どちらも非常に多くの形態，型式を持ち小型から大型機まで多機種ある．

エアハンドリングユニットは送風機，空気冷却器，加熱器，加湿装置，空気清浄器や防振装置を備え，複合型では還気送風機，全熱交換器，各種ダンパなども一体化され断熱ケーシングに収納されている．これら構成品は個々に使用用途，目的に応じた設計がなされるためオーダメイド的要素が強い．一方，パッケージ型は，メーカーカタログ内で機種選定を行うのが一般的である．

空気線図に変化を与えるのは空気の混合，冷却と減湿，加熱と加湿であり，両者ともエアハンドリングユニットもエアコンも同一である．

外調機
外気負荷だけを処理する目的の空気調和機で，負荷変動の激しい外気を単独で処理することにより制御の安定が図りやすい．

a. エアハンドリングユニット

エアハンドリングユニットも容量などでいくつかの呼び名がある．ここでは，ユニット型，コンパクト型，ファンコイルユニットの構成などを紹介する．

a-1　ユニット型空気調和機

能力の表示は一般的に風量で示され，2 000〜100 000 m³/h 程度まで，用途，設置場所，形状などにより表 3.7 に分類される．なお，用途は大きく分けて二つあり，オフィス・商業施設・劇場向けなどの一般空調用と，各種工場・クリーンルーム向けなどの産業空調用に分けられる．

表 3.7 エアハンドリングユニットの分類

用途	設置場所	形状	種類	機能	複合型
一般空調用	屋内設置	水平型	単ダクト用	低騒音型	還気ファン一体型
産業空調用	屋外設置	垂直型	二重ダクト用	VAV型	全熱交換器一体型
		懸垂型	床吹出し用	恒温恒湿用	自動制御組込み型

各種空調機の構成と空気線図上の動向は**表 3.8**, **表 3.9** に示す.

表 3.8 エアハンドリングユニット/コイルと加湿器の構成と空気線図

空調機姿図	コイルの用途	加湿器種類	冷却時	加熱・加湿時
	・冷却専用 ・加熱専用	・直接噴霧 ・電極式 ・電熱式	飽和空気線	飽和空気線
	・冷却加熱兼用	・水気化式	飽和空気線	飽和空気線
	・予熱 ・冷却加熱兼用	・水気化式	飽和空気線	飽和空気線
	・予熱 ・冷却専用 ・冷却加熱兼用	・直接噴霧 ・電極式 ・電熱式	飽和空気線	飽和空気線
	・冷却加熱兼用 ・バイパスダンパ付き	・水気化式	飽和空気線	飽和空気線

C ：冷却コイル H ：加熱コイル
C/H ：冷却加熱兼用コイル RH ：再熱コイル
PH ：予熱コイル H/RH ：加熱再熱兼用コイル
BP ：バイパスダンパ AF ：エアフィルタ

軸流・貫流送風機
パッケージエアコンの屋外機や冷却塔には,軸流送風機(プロペラファン)が多く用いられる.貫流送風機(クロスフローファン)は,家庭用クーラの室内機に多い.

送風機の比例法則
$Q_2/Q_1 = N_2/N_1$
$P_2/P_1 = (N_2/N_1)^2$
$W_2/W_1 = (N_2/N_1)^3$
Q：風量, P：全圧, W：軸動力, N：回転数
N_2/N_1 が 0.8〜1.2 ぐらいの範囲で近似的に成り立つ.

i) 送風機(ファン)

　シロッコファン,またはプラグファンが一般的に用いられる(**図 3.58**).風量と静圧の調整用や可変風量方式にインバータ,スクロールダンパ,吐出しダンパを備えることが多い.ファン動力を低下させるためには空調機内で消費される機内静圧をできるだけ低くすることも大切である.

　送風機による空気温度の上昇に注意しなければならない.すなわち,送風機

表 3.9 エアハンドリングユニット/還気ファン・全熱交換組込み構成と空気線図

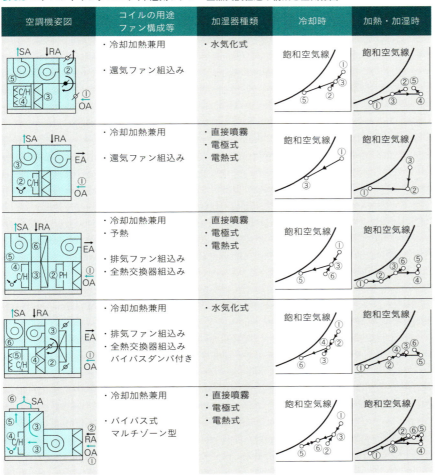

空調機姿図	コイルの用途 ファン構成等	加湿器種類	冷却時	加熱・加湿時

SF：給気ファン　　EF：排気ファン
RF：還気ファン　　HX：全熱交換器
C/H：冷却加熱兼用コイル　PH：予熱コイル

① エアホイル型プラグファン

② エアホイル型シロッコファン

図 3.58 送風機（ファン）の形状例

空気動力と軸動力
空気動力 [kW]
　= 風量 [m³/min]
　× 送風機全圧 [Pa]/
　（3 600×1 000）
で示され，軸動力 [kW]
は，空気動力/送風機
効率　である．

送風機動力負荷
$W_F = Q \cdot SP / (3\,600 \times 1\,000 \cdot \eta_F \cdot \eta_M)$
（∵ 風量 Q の単位を
[m³/h] としているので）

送風機による温度上昇
$\Delta t_a = W_F / (1.2Q/60)$

羽根車と空気との摩擦熱による発熱のために空気温度が上昇する．電動機がケーシングの外部に設置される場合は送風機の発熱分だけの温度上昇である．ケーシングに内蔵されるときは電動機の発熱分も加えなければならない．上昇温度は送風機動力負荷より求める．

$$W_F = \frac{Q \cdot SP}{3\,600 \times 1\,000 \cdot \eta_F \cdot \eta_M} \quad \cdots\cdots (3.27)$$

送風機静圧効率について

送風機静圧効率とは，送風機に与えられる軸動力が，風圧・静圧に変換されるエネルギーの割合である．

送風機静圧効率 = {(風量(m³/min)×静圧(Pa))/(60 000×軸動力(kW))}×100

ここに，W_F：送風機動力負荷 [kW]
Q：風量 [m³/h]　　SP：送風機静圧 [Pa]
η_F：電動機効率 [%]　　η_M：送風機静圧効率 [%]
（電動機が機外設置のとき $\eta_M=1$）

送風機による温度上昇値(Δt_a) [℃]

$$\Delta t_a = \frac{W_F}{1 \times 1.2 \cdot Q/3\,600} \quad\cdots\cdots(3.28)$$

空気線図で送風機による温度上昇を省略することが多いが，高静圧では2℃以上も上昇するから注意が必要である．

Exercise 3.5

エアハンドリングユニットにおいて送風量 30 000 m³/h，静圧 900 Pa の送風機の温度上昇値をモータ機内設置と機外設置のそれぞれについて求めよ．送風機静圧効率 55%，モータ効率 90% とする．

Answer

機内設置　$W_{F1} = 30\,000 \times 900/(3\,600 \times 1\,000 \times 0.55 \times 0.9) \fallingdotseq 15.2$ kW
機外設置　$W_{F2} = 30\,000 \times 900/(3\,600 \times 1\,000 \times 0.55) \fallingdotseq 13.6$ kW
機内設置　$\Delta t_1 = 15.2/(1.2 \times 30\,000/3\,600) = 1.52$ ℃
機外設置　$\Delta t_2 = 13.6/(1.2 \times 30\,000/3\,600) = 1.36$ ℃

ii) 空気清浄器（エアフィルタ）

エアフィルタ（表 3.10）は空気線図に影響を与えるものではないが，空気調和機の重要な構成品である．ハウスダストや花粉などをエアフィルタで取り除き，清浄度の高い空気を供給することは空調機の役割の一つである．

また，エアフィルタは空調機でも最も上流側に配置され，下流側のコイルや加湿器などの機器にほこりなどが付着・堆積して，機能が低下しないようにする役割も果たしている．じんあい除去用のほかにも用途により臭気や有害ガスを除去するフィルタも併用して用いられる．

図 3.59 に全熱交換器，還気ファン組込み型エアハンドリングユニットの例を示す．

フィルタ仕様の表し方，性能測定方法など
JIS B 9908，B 9909，B 9910 に詳しく決められている．

表 3.10　フィルタの種類と性能

	フィルタ種類					
	粗じん用エアフィルタ	中高性能エアフィルタ	超高性能エアフィルタ		その他	
集じん方法	・パネル型 ・自動巻取型	・ろ材折込型 ・袋型 ・電気集じん型	・HEPAフィルタ	・ULPAフィルタ	・塩害防止フィルタ	・ケミカルフィルタ
性能	捕集率 60～90% （質量法）	捕集率 65～95% （比色法）	捕集率 99.97%以上 （0.3 μm粒子）	捕集率 99.999%以上 （0.1 μm粒子）	海塩粒子の捕集	臭気・有機性ガスの除去

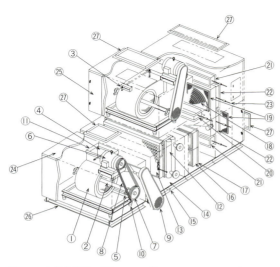

番号	名　称
1	シロッコファン
2	ファンシャフト
3, 4	スクロールダンパ
5	ファン軸受
6	モータ
7	Vプーリ
8	Vベルト
9	ベルトカバー
10	防振装置（吸振体）
11	キャンバス継手
12	Wコイル
13	水気化式加湿器
14	ドレンパン
15	排水口
16	中性能フィルタ
17	粗じんフィルタ
18	全熱交換器
19	ロータ保護フィルタ
20	還気ダンパ
21	バイパスダンパ
22	フェイスダンパ
23	ダンパ軸延長軸
24	外装パネル
25	点検扉
26	架台
27	ダクト相フランジ

図 3.59　全熱交換器・還気ファン付きエアハンドリングユニット

iii）空調機選定の留意点

- ファンの選定

　①機外静圧：必要とする機外静圧の静圧域で決める．

　　・シロッコファン：機外静圧が低・中静圧域で使用する

　　・プラグファン：機外静圧が中・高静圧域で使用する

　　・リミットロードファン：機外静圧が高静圧域で使用する

　②ファンベルトの有無：ファンベルトの有無で送風機の種類を決める．

　　・直動方式：プラグファン

　　・ベルト駆動方式：シロッコファン，リミットロードファン

- コイルの選定

　①コイルの配列：コイルが複数ある場合，再熱・凍結等も考慮して配列を決める．

　②決定列数に対する安全率：コイルの過大設計は，制御性が悪くなるケースもある．

　③コイルの形式：蒸気コイルの場合，凝縮水の排水を考慮して縦型を選択する．

- 加湿器の選定

　加湿器入口空気条件：入口空気温度条件によって，対応可能な機種が変わる．

- フィルタの選定

　種類とレイアウト：目的に合わせたフィルタを採用する．

　　・塩害地域の外気処理機の場合：塩害フィルタを採用する．

　　・クリーンルームの場合：ファンの下流側にHEPAフィルタを設ける．

a-2　コンパクト型空気調和機

風量は最大 18 000 m³/h 程度で，専用のファン・コイル・フィルタで構成されている．設置面積も小さく，二方弁，インバータ，制御機器などが組み込まれている機器もある．採用するファンは，シロッコファンまたはプラグファンが一般的で，加湿器も水および蒸気を選択することができる．

なお，コンパクト型はユニット型に比べ，面風速が速い傾向にある（最大面風速：3.0 m/s）．

図 3.60 にコンパクト型空気調和機を示す．

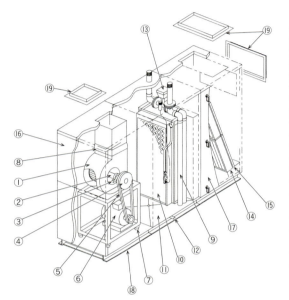

番号	名　称
1	シロッコファン
2	ファンシャフト
3	ファン軸受
4	V プーリ
5	V ベルト
6	モータ
7	防振装置（吸振体）
8	キャンバス継手
9	WT コイル
10	水気化式加湿器
11	ドレンパン
12	排水口
13	電動二方弁
14	薄型中性能フィルタ
15	粗じんフィルタ
16	外装パネル
17	点検扉
18	架台
19	ダクト相フランジ

図 3.60　**コンパクト型空気調和機**

a-3　ファンコイルユニット

ファンコイルユニット（FCU）は冷温水コイルとファンモータおよびエアフィルタと運転スイッチを持ったもので，設置場所により床置き型と天井吊り型に大別できる．また，加湿器を設けたものやエアフィルタの捕集効率を高めたもの，病院用などでは消臭，殺菌の装置を施したものまで市販されている．

用途は広く事務所ビルのペリメータ負荷処理用，病院，ホテル，学校などでは個別制御の容易さから広く採用されている．また，スーパーマーケットなど，大型店舗には大容量カセットタイプが使用されることも多い．能力制御の方法には，次の2種類がある．

1) 水側制御：冷温水を二方弁で ON/OFF 制御するのが一般的．フローティング動作バルブで比例制御を行う場合もある．
2) 風側制御：ファンモータのノッチを切り替えて風量を可変する．手動式が一般的だがサーモスタットによる自動式も用いられる．

表 3.11 に，風量比における能力変化の一例を示す（傾向を示す参考値）．

ファンコイルユニットの容量
風量 300～1 900 m³/h，熱量 1.5～10 kW
大型機の場合は，風量 1 100～6 000 m³/h，熱量 7～39 kW

表3.11 ファンコイルユニットの冷却能力変化の一例
（入口水温6℃，風量強の全熱を100とした場合の冷却能力の比率）

風量ノッチ	風量比[%]	入口水温											
		5℃			6℃			7℃			8℃		
		全熱	顕熱	潜熱	全熱	顕熱	潜熱	全熱	顕熱	潜熱	全熱	顕熱	潜熱
強	100	108	83	25	100	80	20	92	77	15	85	74	11
中	75	75	68	26	87	65	22	81	62	19	74	60	14
弱	50	50	50	25	69	48	21	65	46	19	60	44	16

条件：入口空気温度 26℃[DB]/18.7℃[WB]，水量一定

ファンコイルユニットの風量変化

少風量ほど吹出し温度が低下する．除湿性能はあまり変化しない．

b．パッケージ型空調機

パッケージ型空気調和機には冷凍サイクルの主要部品となる圧縮機，蒸発器，凝縮器，膨張弁と送風機，さらに温度制御機器などがまとめて収納（パッケージ）されている．冷暖兼用型の冷凍サイクル切替の空気熱源ヒートポンプ型が主流であり，通常，標準品として工場生産される．

パッケージ型空気調和機は略してパッケージエアコンと呼ぶことが多く（以下パッケージエアコン），放熱部分の方式から水冷（水熱源）式と空冷（空気熱源）式とに分類される．図3.61に空冷パッケージエアコンの冷房運転時を例にした構成機器と運転状態の例を示す．暖房運転の場合にはパッケージエアコン内部の弁を切り替え，室内機側が凝縮器，室外機側が蒸発器となる．

ガスヒーポン

室外機の圧縮機を電力でなく，ガスエンジンで駆動し，ヒートポンプ運転によって冷暖房を行うシステムである．

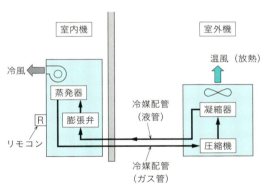

図3.61 空冷パッケージエアコンの構成機器例（冷房時）

冷媒にはフロンを用いることが多いが，地球環境上の観点からさまざまな冷媒が開発されている．

パッケージエアコンの用途別の分類を図3.62に示す．店舗・事務所用は図3.63に示すように1台の室外機に対して複数の室内機をそれぞれ個別運転可能な通称ビル用マルチと呼ばれるものがある．

ビル用マルチは室外機の系統に対応する室内機の冷房と暖房は一括切替であったが，冷房する部屋の放熱を暖房する部屋で行う，冷暖フリー型ビル用マルチも開発されている．

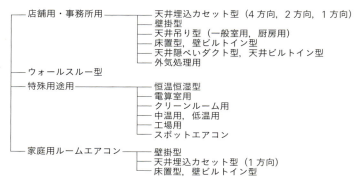

図 3.62 パッケージエアコンの用途別分類

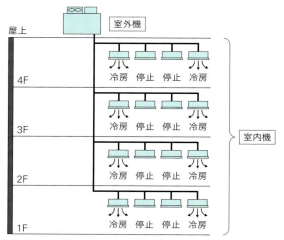

図 3.63 ビル用マルチのシステム例

> **Column** 高顕熱室（電気室・サーバー室）のパッケージエアコン選定は顕熱比に要注意！
>
> 　空調機はオーダメイドなので，室内顕熱比に合わせて風量やコイル能力を選定できる．しかし，パッケージエアコンはラインナップの中から選定するため，メーカー側で顕熱比を設定しており，一般的に顕熱比は60〜80%である．
>
> 　パッケージエアコンのラインナップに記載されているのは全熱（顕熱＋潜熱）であるので，電気室やサーバー室など顕熱比100%の高顕熱室にパッケージエアコンを使用する場合には特に注意が必要である．
>
> 　例えば，あるサーバー室で冷房負荷が10 kWだったとする．このとき，パッケージエアコンのカタログを見て安易に冷房能力11.2 kWの機種を選定すると，冷房能力が不足してしまう．
>
> 　カタログ記載の冷房能力11.2 kWは全熱である．顕熱比は70%であったとすると，エアコンの顕熱処理能力は11.2 kW×70%＝7.8 kWとなり，必要負荷の78%の能力しか出ないということになる．
>
> 　高顕熱室のパッケージエアコンの選定では顕熱能力が冷房負荷を満足できるかどうかのチェックを忘れてはならない．

パッケージエアコンは設計や施工が容易で安価であり，また個別運転や部分運転が可能で，近年は多く使用されている．一方，規格品であるため，吹出し温度，顕熱比の設定，加湿器や空気清浄器の選択，室外機と室内機間の冷媒配管距離，省エネルギーへの対応などにおいてエアハンドリングユニットに比べて制限を受ける．

(5) その他の空調機器

a. 電子冷却器

異なる種類の金属を張り合わせて直流電流を通すと，一方の接合面で発熱し，他方の面で吸熱する原理（ペルチェ効果）を利用したもの．フロンガスや冷温水熱媒を必要としないで冷却ができる．冷却能力 100 W 程度のものが分析器，光学機器，医療機器などの精密機器の局部冷却器として使用されている．

b. 自然対流・放射型放熱器など

パネルヒータ，ラジエータ，コンベクタ，ベースボードヒータ，床暖房装置などは自然対流・放射型暖房機として，ファンによる強制対流式ではファンコンベクタ，ユニットヒータがある．

また家庭用に石油ストーブ，石油ファンヒータなど暖房機器として多くのものが利用されている．冷房用には，天井材や壁面に冷水または冷風を通すように装置した放射冷房がある．

c. 冷風扇

水にぬらした布と扇風機を組み合わせて，布の水分蒸発を促し，その潜熱を利用して温度を下げて冷風感を得るための機器であり，加湿目的に使用されることもある．

図 3.64 のように温度 t_1 は t_2 まで蒸発潜熱により下がるが，同熱量分だけ絶対湿度が x_1 より x_2 まで上昇するため熱の出入りはプラス，マイナス 0 である．温熱感は，湿度よりも温度に依存する範囲が広いため高温低湿のところでは温度低下も大きくそれなりの効果がある．しかし，閉め切った部屋では水蒸気が蓄積して湿度が上昇し，不快域になるので使えない．

室内燃焼型暖房器
石油ストーブは灯油の中の水素と空気中の酸素が結合して水分を発生するため，加熱と加湿が同時に起こる．多湿になることや一酸化炭素，二酸化炭素も出ることから換気が不可欠である．

冷風扇
冷房機と違って湿度が上昇し不快域になるため，閉め切った部屋では使用できない．

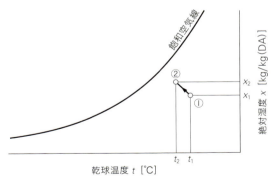

図 3.64 冷風扇の空気状態

d. 除湿器

除湿器は空気中の水分を除去して湿度を下げる機器である．一般空調用には，夏期の冷却減湿器として前述の冷却コイルが使用される．外気処理用とし

て吸着式除湿器が用いられる場合もある．産業用には露点温度－20℃から－50℃を超える極低湿度の要求もある．以下のような種類がある．

① 冷却除湿コイル：冷水で冷却と同時に除湿する．前述の冷却コイルを参照．
② 電気式除湿器：機器内で冷却サイクルが構成されており，簡易に減湿空気を得ることができ，美術品などの貯蔵庫や水分を嫌う品物を扱う倉庫などで使用される．圧縮熱＋送風機による温度上昇がある．図 3.65 (a)に電気式除湿器の構造を，(b)に空気状態を示す．

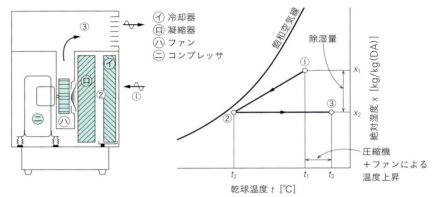

図 3.65 電気式除湿機と空気状態

吸収減湿法
露点温度が 5℃以下の低温度時や顕熱比が 0.6 以下のとき，また室温が 30℃以上で低湿度のときなどでは吸収減湿法が冷却減湿法より有利である．

吸収減湿
食品工場で，吸収剤の殺菌作用を目的にした使用もある．

吸収，吸着減湿
吸収，吸着熱と凝縮熱を冷却するために空気冷却器が必要である．

③ 湿式吸収除湿器：水分を吸収する性質を持つ塩化リチウム溶液などをスプレーし，空気と接触させて空気中の水分を吸収して減湿する．水蒸気が液相に変わるための凝縮潜熱と吸収熱による温度上昇がある．

④ 乾式吸着除湿器（デシカント）：固体吸着剤を用い空気中の水分を吸着して除湿する．デシカントとは乾燥剤または除湿剤を意味する．ハニカム型ロータに乾燥剤を含浸させ，ロータの回転により空気中の水分を吸収する装置が一般的．ロータの吸着水分を蒸発乾燥させるため，蒸気，温水，電気ヒータなど乾燥用に温熱が必要．小型では外気処理機として再生にヒートポンプ排熱を利用している．図 3.66 にデシカント空調と冷却除湿方式の空気状態の違いを示す．

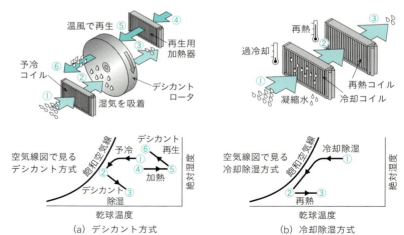

図 3.66 デシカント方式と冷却除湿方式の比較

デシカント方式は，吸着剤を含浸させたシートでハニカムロータを形成し，これに空気を通過して除湿する方式．ロータ再生のための加熱源が必要だが直接温度をコントロールするため冷却除湿方式に見られるエネルギーロスを防止できる．

　冷却除湿方式は，冷却コイルにより空気を目標露点温度まで冷却する方式．最も一般的な方式であるが，過冷却を修正するための再熱が必要となりエネルギーロスとなる．

⑤　圧縮減湿装置：空気圧力を高めて温度を下げ，空気中の水分を凝縮させ減湿する．

Column　除湿機組込み空調機(デシカント空調機)

　除湿作用に重点を置いた空調機で潜熱と顕熱を分離処理するため，レヒートなしの湿度制御が可能である．スーパーマーケットの冷凍食品売場では，霜付き防止と冷気対策に用いられている．また除湿剤(デシカント)の再生に「排熱・廃熱」利用が可能であり省エネ寄与の「クールビズ」空調としての用途もある．

　産業用には，空気中の水分を極端に嫌うリチウム電池製造工場などでは「超低露点空調機」として使用されている．

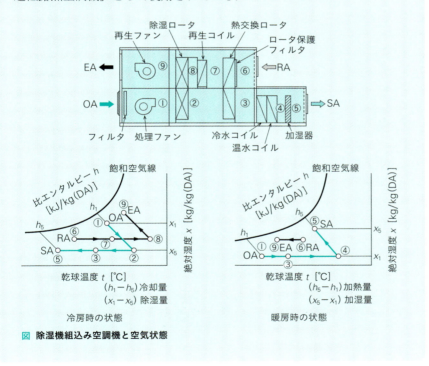

図　除湿機組込み空調機と空気状態

Exercise 3.6

広さ200 m², 天井高さ3 mの製品倉庫内の湿度を40%以下に保つ場合の除湿量を求めよ.

[条 件]

外気温度：30℃　　湿度：60%　　換気回数：1回/h
室温度は外気温度＋2℃とする.

Answer

図3.67に示す空気線図で比容積と絶対湿度差を求める.

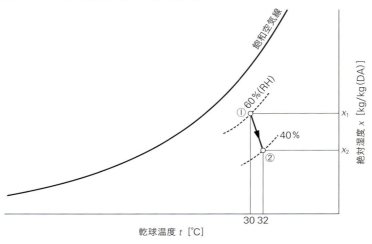

図3.67　Execise 3.6の空気線図

室　容　積：200 m² × 3 m = 600 m³
比　容　積：0.88 m³/kg(DA)
絶対湿度差：0.016 − 0.012 = 0.004 kg/kg(DA)
換 気 風 量：(600 × 1回/h)/0.88 ≒ 682 kg/h
除　湿　量：682 × 0.004 ≒ 2.8 kg/h

Column　洗濯物は冬より夏のほうが速く乾く

風がないとき, ものが速く乾くか遅いかは水蒸気分圧の差で決まる.

	ぬれている洗濯物			空気の状態			水蒸気分圧差
	温度	湿度	水蒸気分圧	温度	湿度	水蒸気分圧	
夏	30℃	100%	4.25 kPa	30℃	50%	2.15 kPa	4.25 − 2.15 = 2.1 kPa
冬	5℃	100%	0.9 kPa	5℃	30%	0.25 kPa	0.9 − 0.25 = 0.65 kPa

温湿度の状態を上記と仮定したとき, 2.1/0.65 ≒ 3 となり, 夏のほうが3倍早く乾く条件となる. 風があって速く乾くのは, 洗濯物の周辺の湿った空気が乾燥した空気と速やかに入れ変わるため.

e. 水噴霧式冷却装置

図 3.68 に水噴霧冷却装置の構造を示す．水を高圧化しノズルから細かい霧状にして噴霧し，蒸発により冷却する．多くは屋外で用いられる．ミスト冷却装置とも呼ばれる．

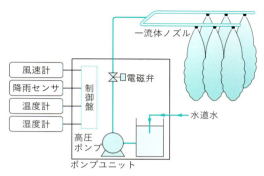

図 3.68 **水噴霧冷却装置の構造**

第 3 章の図版協力：新晃工業株式会社

第4章

空気調和システムの応用

4・1 代表的な空調システムの構成

　空調システム計画でのポイントとして,空気線図の活用があげられるが,システム構成を知ることも重要である.空調システムといっても,その対象が人間,製品の製造や保管環境,動物舎や環境試験室など,要求品質は多種多様を極めており,それに対応する最適なシステム計画が求められる.

(1) 空気熱源ビル用マルチパッケージ方式

　図4.1に空気熱源ビル用マルチパッケージ方式を示す.主に,中小規模ビルに採用される方式で,室内機ごとに個別制御が行え,メンテナンス性にも優れたシステムである.集中監視や電力の計量が容易にできるため,特に事務所テナントビルで多用されている.

①**ビル用マルチパッケージ室外機**:冷房時には室内機からの熱を外気へ放熱,暖房時には外気から吸熱して室内へ冷媒で熱搬送する機器.
②**ビル用マルチパッケージ室内機**:室内の空気を吸い込み,冷房時は冷媒液へ蒸発熱を与え冷風を室内へ送風,暖房時は冷媒ガスから凝縮熱を得て温風を室内へ送風する機器.
③**冷媒配管**:室内機と室外機の冷媒による熱搬送を行う経路.
④**全熱交換器**:じんあい,CO_2濃度など室内空気環境維持を目的に,外気と室内排気間で熱交換を行い,省エネルギーを図りながら換気を行う機器.

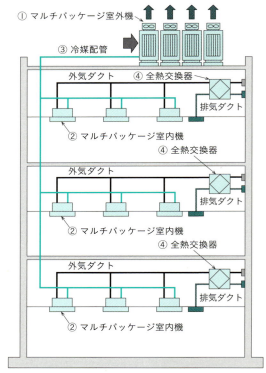

図4.1 空気熱源ビル用マルチパッケージ方式

(2) 空気熱源ヒートポンプチラー,空調機変風量方式(2管式)

　図4.2に空気熱源ヒートポンプチラー方式を示す.商業施設,病院など大規模ビルの一部分に採用される方式で,負荷形態が類似したゾーンに対して,冷房または暖房のいずれかを行うシステムである.一定容量までは管理者を必要としない利点がある.

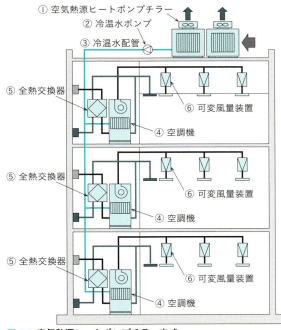

図4.2 空気熱源ヒートポンプチラー方式

① 空気熱源ヒートポンプチラー：冷房時には冷水からの熱を外気へ放熱，暖房時には外気から吸熱して温水を加熱し冷温水で熱搬送する機器．
② 冷温水ポンプ：ヒートポンプチラーで製造した冷温水を空調機へ搬送する機器．
③ 冷温水配管：ヒートポンプチラーと空調機の冷温水による熱搬送を行う経路．
④ 空調機：冷風，温風を発生させ，室内の冷暖房を行う機器．
⑤ 全熱交換器：じんあい，CO_2濃度など室内空気環境維持を目的に，外気と室内排気間で熱交換を行い，省エネルギーを図りながら換気を行う機器．
⑥ 可変風量装置：室内温度により風量を個別に可変させる風量調整装置．

(3) ターボ冷凍機，ガス吸収式冷温水発生機，空調機変風量方式（4管式）

図4.3にターボ冷凍機＋ガス吸収式冷温水発生機＋空調機変風量方式を示す．

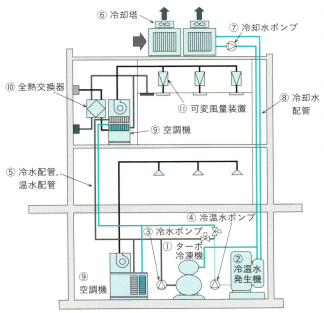

図4.3 ターボ冷凍機，吸収冷温水機，空調機方式

① ターボ冷凍機：電動ターボ圧縮機により冷水製造する機器．
② 冷温水発生器：液吸収により冷水製造，ガス炊きにより温水製造する機器．
③ 冷水ポンプ：冷凍機と空調機の冷水熱搬送を行う機器．
④ 冷温水ポンプ：冷温水機と空調機の冷温水熱搬送を行う機器．
⑤ 冷水配管，温水配管：冷凍機，冷温水機と空調機の冷水，温水搬送経路．
⑥ 冷却塔：熱源機器からの冷却水の放熱を行う機器．
⑦ 冷却水ポンプ：熱源機器と冷却塔の冷却水搬送を行う機器．
⑧ 冷却水配管：熱源機器と冷却塔の冷却水搬送の経路．
⑨ 空調機：冷風，温風を発生させ，室内の冷暖房を行う機器．
⑩ 全熱交換器：じんあい，CO_2濃度など室内空気環境維持を目的に，外気と室内排気間で熱交換を行い，省エネルギーを図りながら換気を行う機器．
⑪ 可変風量装置：室内温度により風量を個別に可変させる風量調整装置．

大規模ビルに採用される方式で熱源を集中化することで機器の効率的運転が行えるシステムである．高効率なターボ冷凍機を優先的に運転し，夏期冷房ピークカットおよび温熱としてガス吸収冷温水発生機を運転することが一般的である．

4・2　空調システムの応用例

(1) 潜熱顕熱分離空調（デシカント空調）

　一般的な空調は冷却と除湿を冷却コイルにより同時に行うが，外気を吸着除湿し，室内は顕熱処理のみ行う方法を「潜熱顕熱分離空調」または「デシカント空調」と呼ぶ．除湿と冷却を分離しているため，室内顕熱処理用の冷水など冷媒温度が冷却除湿方式に比較し高温化が可能である．図 4.4，図 4.5 にデシカント空調のシステム例を示す．また，中小ビルではヒートポンプ排熱による吸着剤の再生を行う小型調湿外気処理機とビル用マルチシステムとの組合せで

潜熱顕熱分離方式
潜熱と顕熱を別々に処理することで，過冷却を伴う冷却除湿機と比較して冷水温度を上げることが可能．約20〜30％の高効率化．

デシカント空調機
外気と室内の潜熱処理としてデシコンエアを利用する．天井放射パネルで顕熱を処理する．

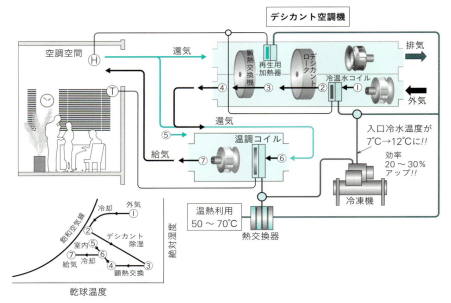

図 4.4　潜熱顕熱分離空調方式 1

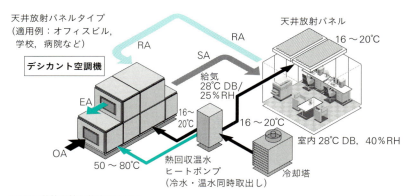

図 4.5　潜熱顕熱分離空調方式 2

デシカント空調を行うことができる．小型調湿外気処理機の冷房時，暖房時の空気線図を図 4.6，図 4.7 に示す．

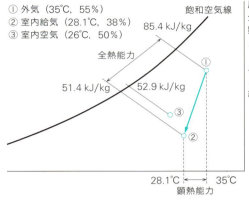

図 4.6 小型調湿外気処理機の空気線図上の変化（冷房）

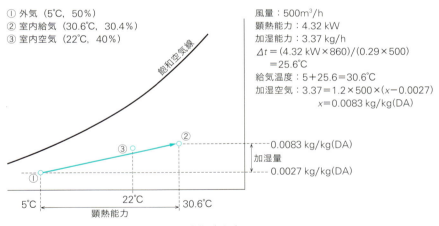

図 4.7 小型調湿外気処理機の空気線図上の変化（暖房）

(2) クリーンルーム

室内清浄度，温湿度管理を目的としたクリーンルームは，空気中の微粒子やガス状物質の除去を目的とした半導体工場・精密機器工場等対象の「工業用クリーンルーム」と細菌，ウイルスの除去を目的とした医療・製薬工場・食品工場等対象の「バイオクリーンルーム」に大別される．クリーンルームは清浄度維持のための送風量が多く，24 時間使われるためエネルギー使用量が大きい．

工業用の場合，室内熱負荷は顕熱負荷が大半で，外気量が多く，外気の高度な処理が必要なため，外気処理空調機と室内顕熱処理用ドライコイルの組合せ方式が用いられる．バイオクリーンルームでは室内潜熱が発生するためドライコイルは用いられず，空調機により室内熱負荷処理を行う．工業用クリーンルームの代表的なドライコイル＋外気処理システム構成を図 4.8 に示す．ドライコイルは冷水送水温度を室内空気条件の露点以上に保ち，コイルでは除湿することがない．精密な温度制御が必要な場合は，室内の循環空気全量をドライコイルに通す．外気処理空調機は送風される空気条件を夏期は冷却除湿，冬期は加熱加湿して室内空気の露点が一定になるように温度および湿度を制御する．図 4.9 に外気処理機，図 4.10 にドライコイルの空気線図上の動きを示す．

> **ドライコイル（DC）とは**
>
> 室内露点温度以上の冷水で冷却するため，除湿せず，通過空気の乾球温度は変化するが絶対湿度は変わらない．

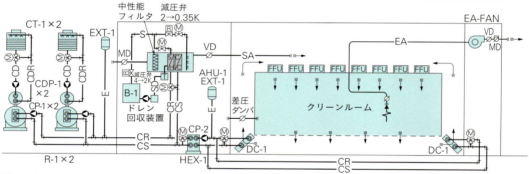

図 4.8 クリーンルームのシステム構成例

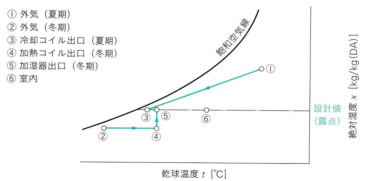

図 4.9 外気処理空調機の空気線図上の変化

4・2 空調システムの応用例

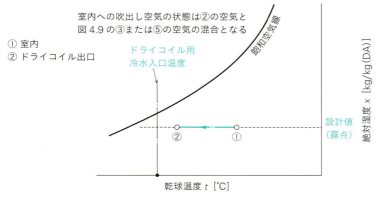

図 4.10 ドライコイルの空気線図上の変化

(3) ドライルーム

製紙，ケーブルの製造工程などでは－20℃程度の露点温度を要求される．さらに，リチウムイオン電池，有機 EL 工場などは製造上極低湿度を要求され，－50℃を超える露点温度となる場合がある．ドライルームでは室内での主に人間からの発生水分除去，外気の水分除去を行うためにロータ式の乾式除湿器

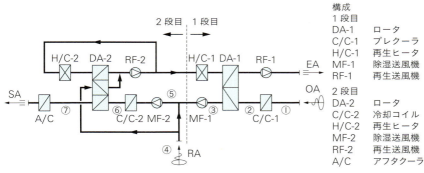

図 4.11 ドライルーム乾式除湿器：2 段除湿方式の除湿機構成例

省エネルギー化のポイント

室内の低湿空気の再利用，熱回収，再生温度の低温化がポイント．

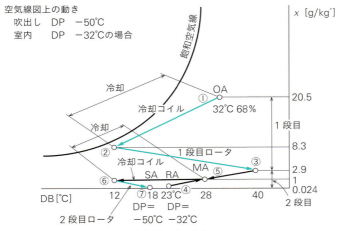

図 4.12 ドライルーム除湿器の空気線図上の変化

熱源利用タイプ(1)
冷熱源に冷凍機，加熱源に温水ヒートポンプを使用する．露点温度が低い室内空気を還気として循環させ，低露点温度を実現．

熱源利用タイプ(2)
熱源に冷温水同時取出ヒートポンプを使用する．冷水，温水を同時に利用することで無駄がない．

熱源利用タイプ(3)
デシカントの再生熱源に工場生産時に発生する排熱を利用する．加熱源がない場合も使用可能．

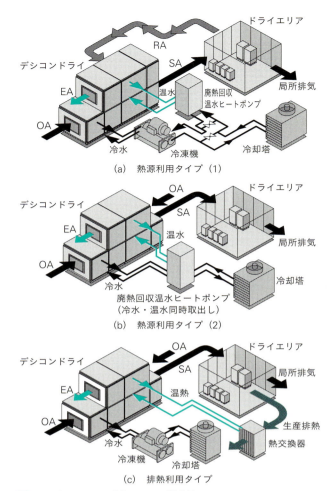

図4.13 ドライエリア空気システム構成例

を用いる．極低露点温度が要求される場合の乾式除湿器のフローを図4.11に空気線図上の変化を図4.12に示す．−50℃のような低露点温度まで除湿するには冷却除湿と2段階でのロータによる除湿が必要となる．外気①を冷却除湿し②，1段目のロータにより除湿③する．室内空気④と混合し⑤，冷却し⑥，2段目のロータにより除湿⑦する．再生温度の低温化，低湿空気の再利用などが省エネルギー化のポイントである．利用熱源別のドライルームの空調システム事例を図4.13に示す．

(4) 恒温恒湿室

恒温恒湿室のシステム例を図4.14に示す．恒温恒湿室は研究室や精密製造工程で多く設置されている．温湿度変化が研究対象物，製品形状，製品品質などへ影響する場合に必要となる．恒温室と呼ぶ場合は制御センサ部の時間変化のみが対象ではなく，室内空間全体での温度分布，時間変化こう配の精度が求められる．これらを実現するには，制御システムに加え，空気の混合撹拌，送風システムの制御が求められる．

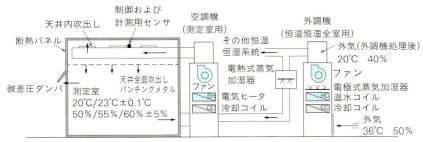

図 4.14 恒温恒湿室の空調システム例

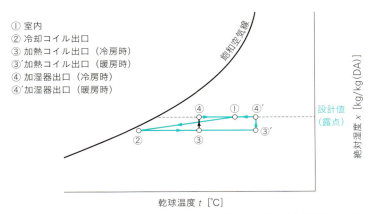

図 4.15 冷却コイルの出口を露点以下に限定して制御する方式の空気線図上の変化

　一般的には，空調機に冷却コイル，加熱コイル，加湿器を備え，室内空気を冷却除湿し，室内負荷に応じて加熱（再熱），加湿を行う．その際に，基本は全空気量を冷却コイルの出口温度を検出して露点以下に下げる方式が一般的である．パッケージ型空調機を用いても簡単に恒温恒湿室ができるので数多く用いられている．

　このシステムの空気線図上の動きを図 4.15 に示す．室内の温湿度制御条件が，±1.0℃，±10％のような厳しい条件の場合，ばらつきの許容範囲を制御用のセンサの取り付けられている場所に限定して制御するのか，室内全体をその許容範囲内に制御するのか明確に定めておく必要がある．室内全体を許容範囲に納める場合は，吹出し空気の状態をその許容範囲に設定する必要があり，吹出し温度差が限定され換気量が大きくなると同時に再熱負荷も大きくなる．

　冷却コイルの出口温度を露点以下に固定して制御する方式では，室内の冷却負荷の少ないときにも冷却コイルの負荷が最大で一定しており，エネルギー損失が大きくなる．省エネルギーを図るために次のシステムを取り入れることがある．冷却コイルの制御を，室内の温度と室内の湿度の両方を検出し，要求の大きいほうを選択して制御する．温度要求の大きい場合は温度制御を冷却コイルで行い，湿度制御は加湿器を働かせる．この場合の空気線図上の動きを図 4.16 に示す．湿度要求の大きい場合は湿度制御を冷却コイルで行い，温度制御は加熱コイルを働かせて再熱する．この場合の空気線図上の動きを図 4.17 に示す．

温湿度の乱れは非常に少ない

室内の温度，湿度のばらつきの許容範囲内に吹出しの空気条件を設定すればおのずと乱れは少ない．

省エネができる

冷却コイルは出口の温度を露点以下に固定するシステムだけではない．

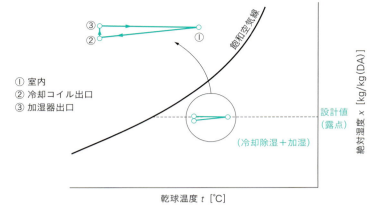

① 室内
② 冷却コイル出口
③ 加湿器出口

（冷却除湿＋加湿）

図 4.16 温度か湿度を選択して冷却コイルを制御する方式の空気線図上の変化（温度要求の大きい場合）

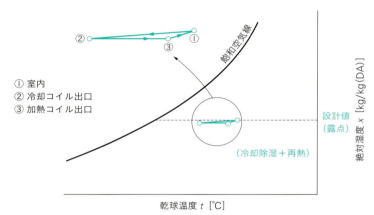

① 室内
② 冷却コイル出口
③ 加熱コイル出口

（冷却除湿＋再熱）

図 4.17 温度か湿度を選択して冷却コイルを制御する方式の空気線図上の変化（湿度要求の大きい場合）

冷却コイルへ送られる冷水や冷媒の温度がある程度低いと，冷却コイルを通過する空気は露点まで温度が下がるまでに冷却コイル表面で結露が始まることを利用している．室内の負荷状況に応じて冷却コイルを温度で制御するか，湿度で制御するかを選択することにより，部分負荷時には省エネルギー化を図ることができる．

（5）冷却塔（クーリングタワー）

屋外の多量の空気を使って，冷凍機などから発生した温水を直接または，間接的に冷却する装置で，冷却作用は水と空気の温度差による熱伝達（顕熱）と水の蒸発（潜熱）によって行われる．

a．種類

送風機を用いた機械通風式が最も一般的である（図 4.18）．
冷却方法による分類では，①開放型（冷却される水と直接に大気を接触させる）は，効率が高く最も多く使用されている〔図 4.18(a)〕．②密閉型（冷却される水は管内を流れ，管外に散水して間接的に冷却を行う）は，配管系の閉回路が維持されるため水の汚染

や不純物の濃縮がなく配管系の信頼性が高い〔図 4.18(b)〕．また気流の流れによる分類では，水と空気が向き合う方向（カウンタフロー）に接触する対向流式，直角に接触する直交流式，並行に接触する並行流式がある．屋外の多量の空気への水の蒸発（潜熱）によって冷却し水の冷却が行われる．

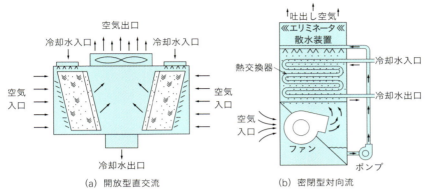

(a) 開放型直交流　　(b) 密閉型対向流

図 4.18　冷却塔の種類

b．空気線図上の変化

[記　号]

t_1, t_2：冷却塔入口，出口の乾球温度[℃]
t_1', t_2'：冷却塔入口，出口の湿球温度[℃]
x_1, x_2：冷却塔入口，出口の絶対湿度[kg/kg(DA)]
h_1, h_2：冷却塔入口，出口の比エンタルピー[kJ/kg(DA)]

点①で冷却塔に入った空気は水から熱を奪い，通常は点②の飽和空気状態で出る．その場合の熱収支は，

$$Q(h_2 - h_1)\rho/3\,600 = \{Q(t_2 - t_1)c_p\rho/3\,600\} + \{Q(x_2 - x_1)h_s\rho/3\,600\}$$

点①が図 4.19 のように $t_2 > t_1$ の場合は，顕熱による加熱（水は冷却）と潜熱による加湿（水は蒸発）により冷却される．図 4.20 のように点①が $t_2 < t_1$ では，空気は冷却状態となるが，潜熱により水も冷却される．

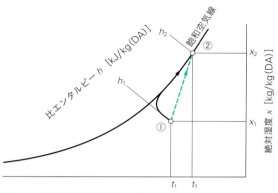

図 4.19 冷却塔の空気状態 ($t_2 > t_1$)

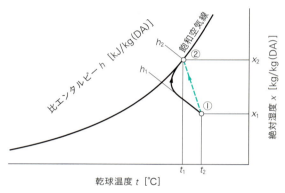

図 4.20 冷却塔の空気状態 ($t_2 < t_1$)

Exercise 4.1

冷却能力 1 800 kW の冷却塔において下記条件における，出口空気温度と蒸発水量を求めよ．出口空気温度は飽和空気線上とする．

[条　件]

外気湿球温度：27℃	冷却塔風量：170 000 m³/h
入口水温：37℃	冷却水量：5 200 m³/min

Answer

図 4.21 に示す空気線図より湿球温度 27℃ の $h_1 =$ 85 kJ/kg(DA)，出口空気温度は飽和線上にあるから，

$$\Delta h = 1\,800/(170\,000 \times 1.1)$$

点①と点②の平均空気密度[kg/m³]×3 600 ≒ 34.6

85＋34.6＝119.6 kJ/kg(DA)→空気線図より，この点の飽和線上の温度は 33.6℃，出口空気温度 t_2 は 33.6℃，蒸発水量 Δx は，

$$\Delta x = (1\,800 \times 3\,600)/2\,540 ≒ 2\,551 \text{ kg/h}$$

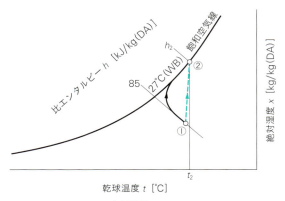

図 4.21 Exercise 4.1 の空気状態

> ### Column　晴れわたった青空にくっきりと白い 2 本の線！ 飛行機雲の正体は？
>
> 大気中の温度の低い所を飛ぶ飛行機エンジンからの排気ガス中に含まれている水蒸気が冷たい空気に冷却されて凝結したものである．
>
> ビルの屋上から立ち上る冷却塔の白煙も飽和状態の排気が低温の外気に急冷され排気中の水蒸気が凝縮したもので煙ではなく，ただの水蒸気である．身近でも，寒い日に吐く息が白いことで体験できる．

c. フリークーリング

通常の冷房では冷凍機の冷却水を 30℃ 程度まで冷却塔で冷却するが，外気湿球温度が低い場合，冷却塔で冷房に必要な冷水温度まで冷却できる場合がある．冷却塔で冷水製造をするシステムをフリークーリングという．冷水温度は外気湿球温度に依存する．冷凍機の運転を停止することができるため，中間期から冬期に冷房が必要な工場やデータセンターなどでの省エネルギーシステムとして用いられる．フリークーリングのシステム例を図 4.22 に示す．

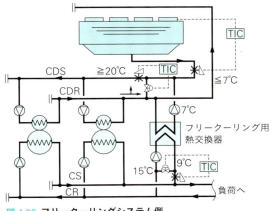

図 4.22 フリークーリングシステム例

d. 冷却塔の白煙防止

白煙とは
火から出る煙ではない．空気中の水分が過飽和となり霧が発生し，その状況が煙に似ているため白煙と呼ぶ．

中間期の雨の日や，冬期に冷却塔より吐き出される空気が白煙となって立ち上がっているのを見ることがある．これは吐き出された空気はほとんど飽和空気に近いため，大気中に拡散する過程で大気に冷やされて一時的に過飽和の霧入り空気となっているためである．立ち上がる白煙は視界を妨げることになり，信号のあるところや鉄道線路，高速道路の近辺では障害となり，また夜ネオンなどに照らされたときに火災と見誤るなどのトラブルが発生する場合もある．公害をまき散らすようにも誤解され見栄えは良くない．白煙を防ぐには，吐き出される空気が過飽和の状態にならないよう次の二通りの方法で対処することができる．

1) 熱交換した飽和状態の空気を加熱し，相対湿度を下げてから吐き出す方法
2) 熱交換した飽和状態の空気と大気を加熱した空気を混合させて，相対湿度を下げてから吐き出す方法

1) の場合の冷却塔の構造を図 4.23 に，空気線図上の動きを図 4.24 に示す．
2) の場合の冷却塔の構造を図 4.25 に，空気線図上の動きを図 4.26 に示す．

ともに，加熱する熱源は冷却塔へ戻ってくる温水（冷却水）を利用するのが一般的である．白煙防止型冷却塔は市販品として汎用品が販売されている．

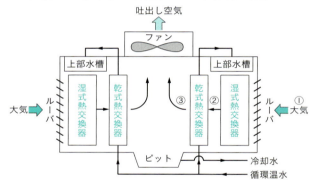

図 4.23 吐出し空気を加熱する場合の冷却塔の構造

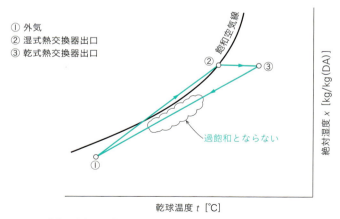

図 4.24 吐出し空気を加熱する場合の冷却塔の空気線図上の変化

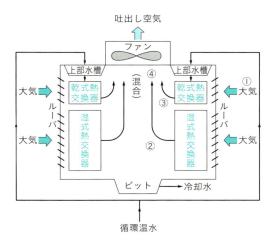

図 4.25 外気加熱空気を混合させる冷却塔の構造

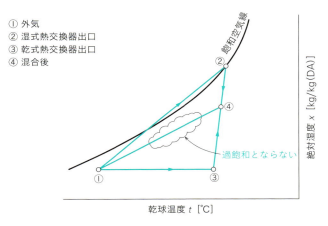

図 4.26 外気加熱空気を混合させる冷却塔の空気線図上の変化

> **Column 日常生活の中に見られる白煙現象**
>
> 白煙の発生する現象はほかにもいろいろ見られる．一番身近に見られるのは，お湯をやかんで沸かし沸騰しているときで，水蒸気が出て周囲の空気が部分的に過飽和の状態になり湯気となる現象である．湯気は拡散し蒸発して消滅する．
>
> 自然界でも白煙は見られる．冬の冷え込んだ寒い朝，川面に霧が立ち昇ることがある．また，冬の朝，霜の降りた芝生に朝日が当たり，芝生より霧が立ち昇ることもある．
>
> これらは同じ現象であり，いずれも水や霜の温度が周囲の空気よりも一時的に高い状態になり，立ち上がる水蒸気が冷たい空気に混じり霧となったものである．

第 4 章の図版協力：新晃工業株式会社

第 5 章

湿り空気関連の熱および水分伝達の基礎

5・1 熱移動と物質移動の概要

(1) 熱移動の概要

熱移動には，①熱伝導，②対流熱移動，③熱放射，の三つのメカニズムがある．①，②は物質の中を熱が伝えられ，③は電磁波の形で空間をエネルギーが飛び，それが物体に吸収されて熱が伝えられる．

a. 熱伝導

熱伝導は物質の分子運動による熱の移動メカニズムである．分子は高温ほど激しく運動し，低温の分子と衝突して，運動エネルギー(すなわち熱)が伝達される．固体・流体を問わず，分子のあるところで温度差があると起こる現象である．

熱伝導の基本法則は，次の**フーリエの式**である．

$$q = -\lambda (dt/dx) \qquad \cdots\cdots (5.1)$$

ここで，$q[\mathrm{W/m^2}]$ は単位面積，単位時間に流れる熱量(x方向)であり，熱流束と呼ばれる．式(5.1)は「熱は温度勾配$[\mathrm{K/m}]$に比例して流れる」ことを示している．比例係数 λ は熱伝導率と呼ばれる物性値で，単位は$[\mathrm{W/(m \cdot K)}]$である．

b. 対流熱移動（熱伝達）

流体中では流体の移動でもエネルギーが運ばれる．熱伝導と流体の移動の二つのメカニズムで熱が運ばれるのが対流熱移動である．普通，壁面や水面などの面と，それと接して流れる流体の間の熱の移動が問題となる．この熱移動は，熱伝達と呼ばれる．流体の流れがファンやポンプなどの外部強制力によって引き起こされる場合を強制対流熱伝達と呼び，伝熱面が流体を加熱して浮力などが生じて引き起こされる流れの場合は，自然対流(または自由対流)熱伝達と呼ばれる．また，流体の流れには層流と乱流があり，後者では乱流渦が加わる．この乱流渦は熱の移動を大きく促進するため，同じ温度差であっても，乱流では層流より多くの熱が移動する．

伝達熱流束 $q[\mathrm{W/m^2}]$ の計算には次式が使われる．

$$q = (Q/A) = \alpha(t_w - t_f) \qquad \cdots\cdots (5.2)$$

ここで，Q は伝達熱量$[\mathrm{W}]$，A は伝熱面積$[\mathrm{m^2}]$，t_w，t_f は壁面と流体の温度$[\mathrm{K}]$，である．

α は熱伝達率$[\mathrm{W/(m^2 \cdot K)}]$と呼ばれ，単位面積，単位温度差，単位時間当たりの伝熱量である．熱伝達率は流体の物性値のほか，いろいろな因子の影響を受ける係数である．式(5.2)は「ニュートンの冷却則」とも呼ばれる．熱伝達の問題は熱伝達率を知ることと考えてよい．

c. 放射伝熱

放射伝熱の特徴は，次式に示すように，面の絶対温度の4乗に比例して放射熱が放出される点である．

$$Q_r \propto T^4 \qquad \cdots\cdots (5.3)$$

ここで，Q_r：面から放出される放射熱量$[\mathrm{W}]$，T：面の絶対温度$[\mathrm{K}]$である．

熱伝導の基礎式はフーリエの式

$q = -\lambda (dt/dx)$
q は x 方向の熱流束，λ は熱伝導率である．

λについて

λ の単位が$[\mathrm{W/(m \cdot K)}]$であることから，「単位長さ，単位温度差，単位時間当たりに流れる熱量」と解釈するのは適切ではない．この単位は$[\mathrm{W/\{m^2 \cdot (K/m)\}}]$であり，「単位面積，単位温度勾配，単位時間当たりに流れる熱量」と解釈すべきである．なお，$[\mathrm{J}]$は熱量であり，$[\mathrm{W}(=\mathrm{J/s})]$は単位時間当たりの熱量である．

熱伝達の計算式（ニュートンの冷却則）

$q = \alpha(t_w - t_f)$
α は熱伝達率である．

α と λ の相違

λ は物性値であり，物質とその状態(温度や圧力など)によって決まる値である．一方，α は流体のいろいろな物性値(密度 ρ，熱伝導率 λ，動粘性係数 ν など)や，壁面の寸法・形状，流速などに依存する工学的な係数である．

熱伝導と熱放射

熱伝導や熱伝達では温度差に比例して熱が流れる．一方，熱放射では面の温度(絶対温度)の4乗に比例するため，伝熱面の温度が高温になると放射が支配的な伝熱メカニズムとなる．

なお，湿り空気が問題となる空調単位操作に関わる伝熱では，放射伝熱はあまり問題とならないため，ここでは詳細は省略する．

(2) 物質移動の概要

物質移動は，空気中の水蒸気のように，ある媒体Bの中に物質Aの濃度の差があると，濃度差を駆動力として物質Aが移動する現象である．熱伝達と物質伝達は類似の現象である．特に濃度の低い物質の移動は，実用上，熱移動と同様の法則に従う．普通，空気調和で扱う湿り空気は，水蒸気濃度が低い領域であり，熱移動の法則が物質移動に適用できる．

> **濃度の低い物質移動**
> 熱移動と類似性があり，熱移動の法則が物質移動にも使える．

> **Column　熱移動と物質移動は何が違うか？**
>
> 熱移動は移動するものが熱で，物質移動は物質である．すなわち後者は移動する物質の流れが生じる．濃度が低い場合はこの流れは全体に影響を及ぼさないが，濃度が高いとこの流れが物質移動に影響を及ぼす．熱伝導の基本式は，式(5.1)に示したように，「伝熱量∝温度勾配（フーリエの法則）」である．一方，物質移動の場合は，Pを全圧，p_wを水蒸気分圧とすると，「物質移動量∝濃度勾配×$P/(P-p_w)$（一方拡散のフィックの法則）」となる．$[P/(P-p_w)]$の項は，移動する物質（ここでは，水蒸気）の流れの影響を意味する．p_wがPに対して無視できないと，熱の移動との乖離が生じる．

(3) 熱と水分移動に関わる湿り空気関係の物性値

a．乾き空気の物性値

熱伝達に関係する乾き空気の物性値と，その温度による変化を表5.1に示す．

表5.1 乾き空気の熱関連の物性値

温度 [℃]	密度 ρ [kg/m³]	定圧比熱 c_p [kJ/(kg·K)]	動粘性係数 ν [cm²/s]	熱伝導率 λ [W/(m·K)]	Pr —
0	1.251	1.005	0.136	0.0242	0.72
20	1.166	1.005	0.154	0.0256	0.72
40	1.091	1.005	0.174	0.0271	0.72

［出典：日本機械学会「機械工学便覧」[1]から単位換算と内挿］

i) 熱伝導率

物質の熱伝導率[W/(m·K)]は，一般に金属（数百〜数十）→ 非金属（数十〜0.1）→ 液体（0.6〜0.1）→ 気体（0.3〜0.02）の順に熱伝導率が小さくなる．気体は一般に熱伝導率が低く，空気もその一つである．第1章で述べたように空気は混合気体で，熱伝導率は温度によるが，0.02〜0.03 W/(m·K)である．気体は後述のように，一般に温度の上昇により熱伝導率は大きくなる．

なお，次式のaは温度伝導率[m²/s]（または，温度拡散係数）と呼ばれ，物体中での温度変化の伝達速度を決める物性値である．

$$a = 0.001\lambda/(c\cdot\rho) \qquad\qquad (5.4)$$

ここで，cは比熱[kJ/(kg·K)]，ρは密度[kg/m³]，λ：熱伝導率[W/(m·K)]である．

> **式(5.4)の係数 0.001**
> 式中に単位として[kJ]と[J(W=J/s)]があることによる．

> **Column 断熱材のメカニズム**
>
> 断熱材は一般に空気の低熱伝導率を利用して熱移動を抑える．しかし，単なる空洞では空気が対流して熱が運ばれ，低熱伝導率が活用できない．したがって，繊維や多孔性物質で空気を狭いセルに閉じ込め，対流を抑える構造になっている．ふとんでもわかるように，断熱材には最適密度がある．繊維質が少ないと対流が起こり，多いと繊維本体の固体熱伝導がメインとなり，ともに断熱性は低下する．また，ふとん内に水分があると，水分でも熱が運ばれる．湿ったせんべいぶとんは最悪で，よく乾燥させてふわりとした状態で使うべきである．

気体の比熱
第1章で述べたように，気体の比熱には定容比熱と定圧比熱がある．流れの中では，気体は膨張・収縮でき，しかもそれに関わる仕事が大きいため，比熱は定圧比熱を使わなければならない．

動粘性係数
流体中の速度の違いが粘性によって流体中を伝搬していく速度を決定する物性値である．前述の，温度の違いが物体中を熱伝導で伝搬する速度を決定する温度伝導率 a に対応している．なお，後述の拡散係数 D は濃度の相違が媒体中を伝搬する速度を決定する物性値である．次元はいずれも $[m^2/s]$ である．

粘性係数，熱伝導率
球形の1原子分子についての分子運動論から，粘性係数，熱伝導率は，$\sqrt{m}$，$\sqrt{T}$ に比例することが導かれている[4]．m は質量，T は絶対温度である．表5.1，表5.2では $\sqrt{\ }$ 関係は成立していないが，これらの値が高温ほど大きく，水蒸気より質量の大きい空気のほうが大きいことは確認できる．

絶対湿度 x
空気線図の NC 線図では，絶対湿度 x の最大値は 0.037 kg/kg(DA) である．この程度なら，湿り空気の物性値は，NC 線図の x の平均的な値を 0.02 として，乾き空気：水蒸気 = 1：0.02 の重み付き平均値で一定としても実用上十分である．

ii) 粘性係数

粘性係数 μ [Pa·s]は，流体が流動するときの速度勾配(du/dy)とせん断応力 τ [Pa]の，次式で定義される比例係数である．

$$\tau = \mu(du/dy) \qquad (5.5)$$

粘性係数は対流の状況を決める物性である．なお，μ を密度 ρ で除した，次式の動粘性係数 ν [m²/s]が使われることが多い（表5.1 参照）．

$$\nu = \mu/\rho \qquad (5.6)$$

iii) 比熱

比熱については，第1章（p.7）に述べたので，ここでは省略する．

b. 水蒸気の物性値

熱移動に関する水蒸気の物性値として，粘性係数，熱伝導率，蒸発潜熱を表5.2 に示す．表では，それらの温度による変化を示した．それぞれの温度の飽和水蒸気の値である．なお，湿り空気中の水蒸気は過熱蒸気の状態である．しかし，湿り空気における水蒸気のような低圧気体では，圧力はこれら熱物性値にほとんど影響を及ぼさないため[2]，実用上は温度のみの関数と考えてよい．なお，定圧比熱については，第1章（p.9）に示した．

表5.2 水蒸気の熱的物性（飽和蒸気）

温度 [℃]	粘性係数* [μPa·s]	熱伝導率* [W/(m·K)]	蒸発潜熱 [kJ/kg]
0	9.22	0.0165	2 501
20	9.76	0.0183	2 473
40	10.07	0.0204	2 381

〔注〕*は日本物性学会編「新編 熱物性ハンドブック」[3]から内挿

c. 湿り空気の物性値

空気調和で対象となる水蒸気分圧が低い湿り空気に対しては，熱伝導率も粘性係数も，乾き空気と水蒸気の分圧の重み付き平均で求めれば実用上十分である．なお，少なくとも NC 線図の範囲内では，1：x（絶対湿度）の重み付き平均でも十分である．

d. 空気と水蒸気の拡散係数

湿り空気に関する拡散問題では，空気と水蒸気の拡散係数 D が問題となる．拡散係数は物質の組合せで決まる．表 5.3 に空気と水蒸気の組合せの拡散係数の温度による変化を示す．また，表には乾き空気の温度拡散係数 a の値も示す．D のほうが，a よりも 35％程度大きいことがわかる．

表 5.3 **空気と水蒸気の拡散係数 D と空気の温度伝導率 a**

温度［℃］	0	20	40	60
D［cm²/s］	0.260	0.296	0.333	0.372
a［cm²/s］	0.191	0.219	0.248	0.278

［出典：内田秀雄ほか「熱伝達特論」[5]を単位換算］

> **水蒸気と空気の拡散問題**
> 拡散には，「一方拡散」として，空気中を水蒸気が拡散していく場合と，水蒸気中を空気が拡散していく場合があり，「相互拡散」として，両者が相互に拡散する場合も考えられる．拡散係数はどの場合も同じである．

5·2　壁面と空気の間の熱伝達と水分伝達の計算

(1) 熱伝達率を用いた熱伝達の計算

伝達熱量 Q［W］の計算は，式(5.2)で示したように，熱伝達率 α を用いて行われる．前述のように，熱伝達率に及ぼす因子は多く存在する．しかし，相似則が成立し，以下のような無次元数が使われる．

$$Nu = \alpha L/\lambda \qquad Re = uL/\nu \qquad Gr = g\beta L^3 \Delta t/\nu^2 \qquad Pr = a/\nu$$

ここで，Nu はヌッセルト数，Re はレイノルズ数，Gr はグラスホフ数，Pr はプラントル数と呼ばれる．L は代表寸法［m］，u は代表流速［m/s］，Δt は壁面と流体の温度差［K］，g は重力加速度［m/s²］，β は流体の体膨張係数［1/K］（気体の場合は，＝1/T）である．表 5.4 に各無次元数の物理的意味を示す．

表 5.4 **各無次元数の物理的な意味**

無次元数	物理的意味	補足説明
Nu	無次元熱伝達率	熱伝導で伝わる熱量の何倍かを示す
Re	慣性力と粘性力の比	強制対流の速度場を決定
Gr	浮力と粘性力の比	自然対流の速度場を決定
Pr	温度拡散係数と動粘性係数の比	速度場を，伝熱を決める温度場に換算

そして，以下のように Nu は 2 変数の関数として表される．

強制対流の場合　　$Nu = f(Re, Pr)$ …… (5.7)
自然対流の場合　　$Nu = f(Gr, Pr)$ …… (5.8)

無次元関係式は，普通

$$Nu = C \cdot Re^m \cdot Pr^n \qquad Nu = C \cdot Gr^m \cdot Pr^n \qquad \cdots\cdots (5.9)$$

のように，べき乗関係で表されることが多い．これらは過去の研究で求められており，「便覧」[6]などに載っている．

> **熱伝達の相似則**
> 強制対流：$Nu = f(Re, Pr)$，自然対流：$Nu = f(Gr, Pr)$ が成り立つ．

これら無次元関係式から熱伝達率を求め，伝熱量 Q を求める手順は以下のとおりである．

①対象とする流れ場の Re（自然対流では Gr）と Pr を求める．必要な物性値等は「便覧」などから求める．②便覧などから，無次元関係式を得る．それを用いて

Re と Pr から Nu を求める．③ $\alpha = Nu \cdot \lambda / L$ により α を求め，④ α に温度差と面積を乗じて Q を求める．

なお，無次元関係式から熱伝達率を求める際の注意事項として次の点がある．
1) 代表寸法，代表流速のとり方，2) 物性値を評価する温度，3) 流体温度のとり方，4) 伝熱面の温度条件，5) 流れは層流なのか乱流なのか，6) 局所熱伝達率と平均熱伝達率を混同しないこと，などである．

注意事項の補足
1) 代表寸法などのとり方は定義どおりに行う．
2) 物性値は温度によって異なる．壁面温度と流体温度の平均温度（膜温度）で評価することが多い．
3) 流体温度は，流れの中の円柱のような場合には，流体の主流温度がとられる．管内流のような制限空間の流れでは，流体の平均温度がとられる．
4) 壁面の温度条件は一定なのか，流れ方向に変わるのかによって，熱伝達率は変わる[7]．
5) 熱伝達率は壁の位置で変わる（局所熱伝達率），それらを平均化して全体の伝熱量を求める熱伝達率（平均熱伝達率），の両者がある．

Exercise 5.1
無次元関係式から熱伝達率を求め，伝熱量を計算する．図 5.1 に示すような，空気の流れに直角に置かれた加熱された円柱（直径 10 cm，長さ 1 m）から空気に伝わる熱量を求める．流速は $u = 5$ m/s，円柱表面温度は 40℃，流れ込む空気温度は 20℃ とする．

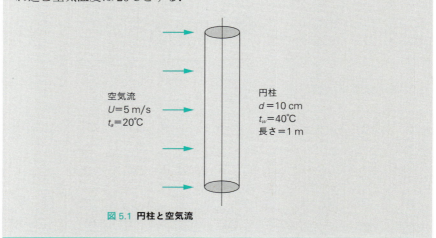

図 5.1 円柱と空気流

Answer
① 空気の物性値は，円柱表面と空気の平均温度（膜温度）30℃ で評価する．物性値表から，$\nu = 0.163$ cm²/s，$\lambda = 0.0263$ W/(m·K)，$Pr = 0.72$ が求まる．代表寸法は円柱の直径で $L = 0.1$ m，代表流速は $u = 5$ m/s である．これから，$Re = u \cdot L / \nu = 5 \times 0.1 / (0.163 \times 10^{-4}) = 3.07 \times 10^4$

② ハンドブックなどから円柱に直角な流れの無次元関係式を求める．この場合は Re により式が変わるが，$Re = 4 \times 10^3 \sim 4 \times 10^4$ に対して，$Nu = 0.191 Re^{0.618} Pr^{0.31}$ となる[8]．

③ これから $Nu = 102$，$\alpha = 102 \times 0.0263 / 0.1 = 26.8$ W/(m²·K)，

④ $Q = 26.8 \times 20℃ \times 1\text{m} \times \pi \times 0.1^2 / 4 = 4.21$ W

(2) 拡大伝熱面の熱伝達の計算

ある面からの放熱量を増やすために，図 5.2 に示すように，伝熱面にフィンを付ける方法がある．このような面を拡大伝熱面と呼ぶ．面積は増えるが，フィン表面の温度は根元よりも低くなり，この分，面積の増加の効果は低減する．フィン付き面からの伝熱量を計算するのに，「フィン効率 ϕ」が使われる．これは，「流体と接する全面積（根元部分とフィン部の合計）A_t のすべてが根元温度 t_w

フィン効率 ϕ
流体と接する全面積（根元部分を含むフィンの表面積）A_t のすべてが根元温度 t_w としたときの伝熱量に対する実際の伝熱量の比率である．

としたときの伝熱量に対する実際の伝熱量の比率」として定義される．すなわち，フィン効率がわかれば，次式で伝熱量が計算できる．

$$Q = \alpha(t_w - t_f) \phi A_t \quad \cdots\cdots (5.10)$$

フィン効率は熱伝導の問題であり，大抵の形状に対して求められており，「便覧」など[6]に載っている．

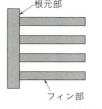

図5.2 フィン付き伝熱面

式(5.10)の条件
フィン部と根元部の α が一定と仮定している．この仮定には問題があり，より正確な計算には実験などで求めた ϕ を使う必要がある．

> **Column　フィンは空気への伝熱面に付け，水では一般に使用しない**
>
> フィンは伝熱面積を拡大することにより，伝熱量を増やすものである．後述の熱抵抗的には，対流熱抵抗を小さくするが，伝導熱抵抗は増大する．フィンの材質の熱伝導率 λ が小さい場合，熱伝達率 α が大きい場合などにはフィンは逆効果となり，伝熱量を減少させる．例えば，断熱材などのフィンを付ければ伝熱量の低下は明らかである．空気では水の場合よりも α が 1/20 くらいであり，フィンの効果は大きい．一般に流体が水の場合にはフィンは使われない．

(3) 水分伝達の計算
a. 蒸発係数

空気中の水分移動の駆動力である濃度差の表示方法にはいろいろなものがあるが，本書では，絶対湿度差 Δx を用いる．蒸発量 G [kg/s]は次式で計算される（図5.3）．

$$G = k_x(x_s - x)A \quad \cdots\cdots (5.11)$$

ここで，x_s，x はそれぞれ水面と空気本体の絶対湿度 [kg/kg(DA)]，A は水面の面積 [m²] である．

k_x は絶対湿度を駆動力とする蒸発係数であり，次元は [kg(DA)/(m²·s)] である．なお，x_s は水面温度における飽和絶対湿度である．$G > 0$ は蒸発，$G < 0$ は凝縮の場合である．

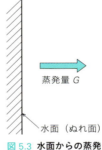

図5.3 水面からの蒸発

b. ルイスの関係

空気調和が対象とする湿り空気では水蒸気の濃度が低いため，前述のように熱伝達と物質伝達に類似性がある．具体的には，熱伝達率 α と蒸発係数 k_x には比例関係があり，ルイスの関係と呼ばれる次式が成立する．

$$k_x = 0.001 \alpha / c_H \quad \cdots\cdots (5.12)$$

ここで，c_H は湿り空気の定圧比熱 [kJ/(kg(DA)·K)]，α は熱伝達率 [W/(m²·K)] である．なお，ルイスの関係は乱流においてよく成立する．

水蒸気濃度の表現
水蒸気分圧，絶対湿度など，いろいろな方法がある．それに応じて移動係数の表現が異なる．これが，水分伝達の計算を間違いやすい一因である．

絶対湿度差を駆動力とする蒸発の式
$G = k_x(x_s - x)A$

k_x の次元
単位が [kg(DA)/(m²·s)] から，「単位面積・単位時間当たりに移動する乾き空気の量」と解釈するのは正しくない．これは [kg/(kg/kg(DA))/(m²·s)] であり，「単位絶対湿度差，単位面積，単位時間当たりに移動する水蒸気量」が正しい解釈である．

蒸発係数は熱伝達率に比例する
$k_x = 0.001 \alpha / c_H$
（ルイスの関係）

式(5.12)の定数 0.001
これは，式中に単位として [kJ] と [J(W=J/s)] があることによる．

c_H の求め方
$c_H = c_{pa} + x \cdot c_{pv} = 1.005 + x \cdot 1.805$ [kJ/(kg(DA))] である．NC線図の最大の x は 0.037 kg/kg(DA)，最低は 0 であり，湿り空気の比熱 c_H は 1.005〜1.071，平均は 1.04 [kJ/(kg(DA))] である．

Column　物質伝達に関わる無次元数

(1)項「熱伝達率を用いた熱伝達の計算」では，Nu, Re, Gr, Pr を紹介した．流れを決定する Re と Gr は熱伝達と物質伝達で共通であり，Nu に相当するのが Sh（シャーウッド数），Pr に相当するのが Sc（シュミット数）である．

定義は，$Sh = k_x \cdot L / (\rho \cdot D)$, $Sc = D/\nu$ である．なお，ρ は湿り空気の密度 [kg/m³] である．

Exercise 5.2

蒸発量の計算を行う．

前述の Exercise 5.1 と同じ状況で，円柱がぬれている場合の蒸発量を計算する．なお，空気の温度は 20℃，相対湿度は 50％，円柱の温度は 40℃とする．

Answer

①円柱表面と空気の絶対湿度差を求める：表面温度は 40℃，絶対湿度は 40℃の飽和絶対湿度として $x_s = 0.04914$ kg/kg(DA)．空気の絶対湿度は，20℃の飽和水蒸気圧 2.339 kPa と相対湿度 50％から，水蒸気分圧は $p_w = 2.337 \times 0.5 = 1.17$ kPa，その絶対湿度は式(1.23)から $x = 0.622 \times 1.17/(101.3 - 1.17) = 0.0073$ kg/kg(DA)．湿度差は 0.042 kg/kg(DA)．

②熱伝達率 α からルイスの関係を使って蒸発係数 k_x を求める．Exercise 5.1 から $\alpha = 26.8$ W/(m²·K)，式(5.11)から $k_x = 0.001 \times 26.8/1.04 = 0.0258$ kg(DA)/(m²·s)．

③蒸発量は，$G = 0.0258 \times 0.042 \times \pi \times 0.12 \times (1/4) \times 1$ m $= 0.0000085$ kg/s となる．

熱伝達と水分伝達の類似性による蒸発係数の推定法の補足

前述の類似性からの熱伝達率推定法として，無次元関係式から求める方法が考えられる．すなわち，$Sh = Nu$ から k_x を求める方法である．これによると，$k_x = 0.001\alpha(D/a)^n/C_H$ となり，ルイスの関係と差異が生じる．しかし，乱流では乱流渦が物質拡散と熱移動の主メカニズムであり，拡散係数は同一，すなわち $D/a = 1$ となり，ルイスの関係と同じになる．ルイスの関係が乱流でよく成立するのも，これが理由である．

Column　乾湿球温湿度計の感温球に気流を当てる理由

第1章(p.11)で乾湿球温湿度計として，オーガスト式とアスマン式を示した．前者は簡略計である．アスマン式では感温球に気流を与えている．この気流は乱流にするためであり，乱流ではルイスの関係がより正しく成立するからである．また，気流は熱伝達率を大きくして，例えば，感温球に熱放射が当たるような場合の測温誤差を小さくする効果がある．気流を与えるために，アスマン式ではファンが内蔵されている．また，ハンドルを付けて，相対的な気流を与える「振回し方式」の温湿度計もある．

5・3 水面と空気の間の熱移動計算

水面とそれに接する空気の熱移動は,温度差による顕熱移動と,湿度差によって起こる水分移動に伴う潜熱移動が生じ,この両者を加えた熱移動(全熱移動)が問題となる(図5.4).これは,空調システムでも基本的な伝熱問題である.

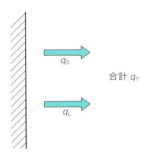

図5.4 顕熱・潜熱・全熱移動

水面の温度 t_w が与えられると,それに接する空気の絶対湿度は,その温度の飽和湿度 x_s であり,飽和湿度と空気本体の湿度 x_a の差を駆動力として水分移動が起こる.顕熱移動量 q_S と潜熱移動量 q_L は次式で与えられる.単位はともに[W/m²]である.

$$q_S = \alpha (t_w - t_a) \quad \cdots\cdots (5.13)$$
$$q_L = 1\,000\, k_x (x_s - x_a) r \quad \cdots\cdots (5.14)$$

ここで,r は蒸発潜熱[kJ/kg]である.

式(5.13)と(5.14)を加え式(5.12)のルイスの関係を使うことにより,全熱移動量 q_T[W/m²]は次式で与えられる.

$$\begin{aligned} q_T &= q_S + q_L = \alpha (t_w - t_a) + 1\,000\, k_x (x_s - x_a) r \\ &= 1\,000\, k_x \{ (c_H \cdot t_w + x_s \cdot r) - (c_H \cdot t_a + x_a \cdot r) \} \\ &= 1\,000\, k_x (h_s - h) \end{aligned} \quad \cdots\cdots (5.15)$$

すなわち,全熱移動量はエンタルピー差を駆動力とし,移動係数を k_x とする熱移動となる.

q_S,q_L,q_T の正負を空気線図上で表示する(図5.5).水面の状態は水温に相当する飽和空気上にあり,ここでは点①とする.空気本体の温度と湿度の点(②とする)の位置により,q_S,q_L,q_T の正負が変わる.②が,①の乾球温度の一定線上にあると $q_S = 0$ であり,絶対湿度 x の一定線上にあると $q_L = 0$,エンタルピー h の一定線上にあれば $q_L = 0$ である.q_S,q_L,q_T の正負は図に示すとおりである.

水−空気間の熱移動

厳密には水面内と空気内の熱の移動が考えられる.しかし,実用上は,空気側の伝達抵抗のみを考えればよい.

エンタルピーを駆動力とする全熱移動

顕熱移動は温度差を駆動力とする熱伝達,潜熱移動は絶対湿度差を駆動力とする蒸発・凝縮に伴う潜熱の移動,両者の和が全熱移動である.全熱移動はエンタルピー差を駆動力とする.

水面−湿り空気間の伝熱量(全熱移動量)

エンタルピー差に比例する.例えば,水が冷える($q_t > 0$)のは水面の空気(水温の飽和空気)のエンタルピーが,空気本体のエンタルピーより高い場合である.なお,第1章(p.18)で述べたように,NC線図の範囲では,エンタルピー一定線と湿球温度一定線はほぼ一致する.したがって,伝熱駆動力としてわかりやすい湿球温度差がとられることもある.後述する蒸発式冷却塔の性能の議論に外気の湿球温度が規定されるのは,これが理由である.

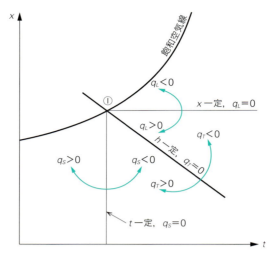

図 5.5 空気線図での q_S, q_L, q_T の正負

> ### Column　ボーエン比
>
> 気象学では，顕熱・潜熱移動のある水面と空気の間の伝熱計算には，ボーエン比が使われる．ボーエン比は（顕熱移動量/潜熱移動量）であり，ルイスの関係が成立すると，
>
> $$B = (t_w - t_a) c_H / \{(x_s - x_a) r\}$$
>
> で与えられる．
>
> t_w, t_a は水面と空気の温度[℃]，c_H は湿り空気の比熱[kJ/kg(DA)]，r は蒸発潜熱[kJ/kg]である．
>
> ボーエン比は水面の温度と空気温度，湿度で決定され，風速などには関係しない．ボーエン比を使えば，潜熱移動を陽に扱う必要がなくなる．

Exercise 5.3
エンタルピー駆動力を用いた全熱移動量の計算を行う．エンタルピー駆動力を用いて Exercise 5.1, 5.2 について，全熱移動量を求めよう．

Answer

壁面は 40℃ の飽和空気のエンタルピーで，湿り空気表から 166.7 kJ/kg，空気は 20℃，50％で，Exercise 5.2 から $x = 0.0073$ kg/kg(DA)，エンタルピーは 38.6 kJ/kg である．

Exercise 5.2 から蒸発係数は $k_x = 0.0258$ kg(DA)/(m²·s)，全熱移動量は $Q_T = 0.0258 \times (166.7 - 38.6) \times \pi \times 0.12 \times 1/4 \times 1 = 0.0259$ kJ/s $= 25.9$ W である．

チェックのため，Exercise 5.2 と 5.1 の合計を求める．5.2 から $q_L = 0.0000085 \times 2\,501 = 0.0213$ kJ/s $= 21.3$ W，5.1 から $q_S = 4.2$ W であり，$q_T = q_S + q_L = 25.5$ W である．

有効桁数は 2 桁であり，両者は一致している．

式(5.14)は伝熱面全面が水でぬれている場合である．これに対して，一部が乾いている場合は，全面積に対するぬれた面積の比率を「ぬれ面率 ε」として，潜熱移動量[W/m²]は次式で求められる．

$$q_L = 1000 k_x \cdot \varepsilon (x_s - x_a) r \qquad (5.16)$$

> **一部ぬれた面の潜熱移動量**
>
> ぬれ面率 ε を用いて計算する．なお，第3章でぬれ面係数 WSF を用いたが，ε とは異なる定義であり，注意が必要である．

> **Column　蒸発式冷却塔はヒートアイランドを救う**
>
> 冷房排熱の方法には湿式と乾式の二つの方法がある．
>
> 水道料金の節減とメンテナンスの容易さから，乾式が用いられることが多くなってきている．乾式は冷房排熱をすべて顕熱で捨てるのに対して，湿式では潜熱：顕熱＝4：1程度である．顕熱は都市気温を高め，ヒートアイランドを助長する．
>
> なお，冷房は外気から部屋に入る熱に投入電力分を乗せて外気に排熱するため，出入りを考えた顕熱収支で評価する必要がある．詳細は専門書[9]に譲るが，結果は，湿式放熱はトータルで顕熱を潜熱に変えて放熱する．これは植物（緑）の機能と同じ働きである．一方，乾式放熱の場合は，潜熱を顕熱に変える放熱を行い，ヒートアイランドからは「逆緑」と呼べるシステムである．
>
> 放熱方式の評価には，このような点も考慮するべきである．

5・4　熱通過の計算

(1) 一次元直角座標の熱通過の計算

壁を隔てた流体1から流体2への伝熱は，図5.6 に示すように，よくあるケースである．流体1から壁へは熱伝達で，壁の中は熱伝導，壁から流体2へは熱伝達で熱が移動する．このような伝熱を熱通過と呼ぶ．なお，熱通過は定常状態を対象とする．熱流の方向に面積が一定の一次元直角座標では，一定の熱流束 q が順次流れるところから，次式が成立する．

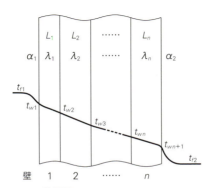

図5.6　**熱通過**

$$q = \alpha_1(t_{f1}-t_{w1}) = \lambda_1(t_{w1}-t_{w2})/L_1$$
$$= \cdots = \lambda_n(t_{wn}-t_{wn+1}) = \alpha_2(t_{wn+1}-t_{f2}) \quad \cdots\cdots(5.17)$$

これをまとめて次式のように書くことができる.

$$q = Q/A = K(t_{f1}-t_{f2}) \quad \cdots\cdots(5.18)$$

K は熱通過率 $[\mathrm{W/(m^2 \cdot K)}]$ と呼ばれる. 式 (5.17) から壁温を消去して, K に対する次式を得る.

$$(1/K) = (1/\alpha_1) + (L_1/\lambda_1) + \cdots + (L_n/\lambda_n) + (1/\alpha_2) \quad \cdots\cdots(5.19)$$

熱通過の計算

電気伝導のオームの法則と同じく, 与えられた温度差をその間の単位熱抵抗の和で除して求める. 単位熱抵抗には, 伝達抵抗 $1/\alpha$ と伝導抵抗 L/λ がある.

単位抵抗

電気工学では, 単位抵抗という用語は使われていないようである.

> **Column 電気伝導と熱伝導の類似性**
>
> 電気伝導と熱伝導は類似の現象であり, 電気伝導の法則は熱伝導に適用できる. オームの法則「(電流)=(電圧差)/(電気抵抗)」は誰でも知っている. これを一次元直角座標の熱通過の式(5.18)に適用すると, $1/(K \cdot A)$ を熱抵抗 (R_t で表す) と呼び, 「(熱流量)=(温度差)/(熱抵抗)」と表現できる.
>
> なお, 単位面積当たりの熱抵抗を単位熱抵抗 $(1/K)$ と呼べば, 式(5.19)は, 単位熱抵抗の直列結合である. すなわち, 対象となる温度差の間の単位熱抵抗を加算して, それで温度差を割ると, 熱流束が求まる. なお, $(1/\alpha)$ は対流単位熱抵抗で, (L/λ) は伝導単位熱抵抗と呼ばれる.
>
> また, 抵抗の逆数はコンダクタンスと呼ばれるのに対応して, $K \cdot A$ は熱コンダクタンス, K は単位熱コンダクタンスと呼ばれる. α, λ/L も単位熱コンダクタンスである.

> **Exercise 5.4**
>
> 熱通過の計算を行う. 図5.7のように2枚の板の左側の流体と, 板の右端の表面温度が与えられたとき, 流れる熱流束を求めよ. 関係諸量は図に示すものとする.
>
>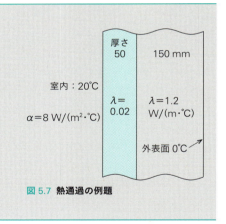
>
> 図5.7 熱通過の例題

Answer

問題の温度差の間の熱抵抗は, 対流熱抵抗と二つの伝導熱抵抗である. トータルの単位熱抵抗

$$R_t \cdot A = (1/\alpha_1) + (L_1/\lambda_1) + (L_2/\lambda_2) = (1/8) + (0.05/0.02) + (0.15/1.2)$$
$$= 2.75 \mathrm{\ m^2 \cdot K/W}$$

熱流束 $q = 20℃/2.75 = 7.28 \mathrm{\ W/m^2}$

(2) 一次元円柱座標の熱通過問題

円管の中を流れる温水から，外気へ熱が流れるような一次元円柱座標の熱通過問題を考えよう．前述の直角座標問題では熱の流れ方向に面積が一定であり，単位面積当たりとして熱流束で考えればよかった．しかし円管の場合は，熱が通過する面積が半径とともに広がっていく（図5.8）．この点から，管内流体温度 t_{f1} から外気 t_{f2} への熱通過量 Q [W] は，結果的に次式で求めることができる（記号は図を参照）．

$$Q = K \cdot A (t_{f1} - t_{f2}) = (t_{f1} - t_{f2})/R_t \qquad \cdots\cdots (5.20)$$

ここで，R_t [m$^2 \cdot$K/W] は全体の熱抵抗で，次式で求められる．

$$R_t = 1/(2\pi \alpha_1 \cdot l \cdot r_1) + \sum \ln(r_{k+1}/r_k)/(2\pi l \cdot \lambda_k) + 1/(2\pi \alpha_2 \cdot l \cdot r_{n+1})$$
$$\cdots\cdots (5.21)$$

ここで，l は管の長さ [m] である．前頁のコラムで述べたように，問題となる温度差をその間の熱抵抗の和で除すことにより，熱流が得られる．

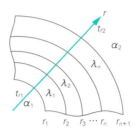

図5.8 一次元円柱座標の熱通過

Column 円管の断熱材の臨界半径

円管の内面温度と外面の流体温度が与えられる熱通過問題では，熱抵抗は式(5.21)からわかるように，

$$R_t = \{\ln(r_2/r_1)/\lambda + 1/(\alpha \cdot r_2)\}/(2\pi l)$$

となる．右辺の第1項は伝導熱抵抗，第2項は伝達熱抵抗である．前者は r_2 の増加関数で，後者は減少関数である．そして，R_t を r_2 で微分して $=0$ とすればわかるように，R_t は $r_2 = \lambda/\alpha$ で最小値をとる．すなわち，円管の外半径が (λ/α) のときに熱流が最大になる．円管が断熱材で $\lambda = 0.05$ W/(m·K)，外気が静止空気で $\alpha = 5$ W/(m$^2 \cdot$K) とすると，$r_2 = 0.01$ m となる．すなわち，断熱材の厚みを増しても，外径 2 cm までは放熱が増えることになる．

例えば，冬期に細いチューブの中の水が凍らないように断熱すると逆効果になる可能性がある．この効果が有効に使われている例として，電線があげられる．電線を被覆することにより，電線の温度が下がって好ましい結果となる．

この λ/α は断熱材の臨界半径と呼ばれる．

熱通過問題

円管などのように，熱の通過する面積が熱流の方向で変わっていく場合には，熱流束 q ではなく，トータルの熱流 Q（すなわち，$K \cdot A$）で扱われる．もし，q（すなわち，K）で表示したい場合はどこの面積基準かを明示する必要がある．例えば，「管の外面基準の熱通過率や熱流束」などと表示される．

フィン付き伝熱面の熱通過の計算

問題となる温度差の間の熱抵抗で温度差を割ることにより通過熱量は計算できる．フィン効率 ϕ のフィン付き面の対流熱抵抗は
　$R_t = 1/(\alpha A_t \phi)$ である．

5・5 熱交換器に関する伝熱計算

熱交換器は高温の流体から低温の流体に熱を伝達する装置で，①隔板式，②直接接触式，③蓄熱式，の三つの形式がある．本書では，①および，②の代表としての蒸発式冷却塔について解説する．

隔板式熱交換器の伝熱
熱通過で，ポイントは両流体の温度差が場所で変わる点にある．

(1) 隔板式熱交換器の伝熱計算

隔板式熱交換器は図 5.9 に示すように，壁を隔てて流れる高温流体から低温流体に定常的に熱を伝える機器であり，基本的には伝熱面積を A とした熱通過問題である．熱通過率 K は場所に関係なく一定とする．問題は，流れるに従って高温流体の温度が下がり，低温流体の温度が上がる点にある．すなわち，熱通過の駆動力である温度差が場所によって変化する点にある．

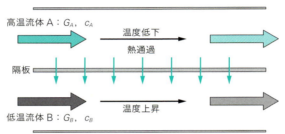

図 5.9 隔板式熱交換器

隔板式熱交換器の対数平均温度差

$$\Delta t_m = \frac{\Delta t_1 - \Delta t_2}{\ln(\Delta t_2/\Delta t_1)}$$

a. 対数平均温度差による交換熱量の計算

両流体の平均温度差 Δt_m を用いて伝熱量 $Q[\mathrm{W}]$ を次式で表す．

$$Q = K \cdot A \cdot \Delta t_m \quad \cdots\cdots (5.22)$$

熱交換器には両流体を流す方向により，①並流型，②向流型，③直交流型，の3種類がある．ここでは，①と②について解説する．図 5.10 に①と②について，両流体の流れ方向への温度変化を示す．

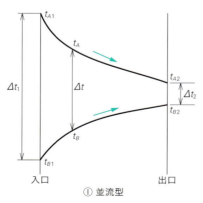
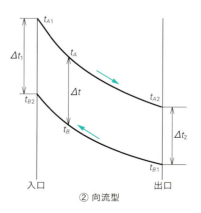

図 5.10 両流体の温度変化（並流と向流）

外部への熱損失がなければ，高温流体 A が失った熱量と低温流体 B が得た熱量は等しく，交換熱量 Q である．

$$Q = c_A G_A (t_{A1} - t_{A2}) = c_B G_B (t_{B2} - t_{B1}) \qquad \cdots\cdots (5.23)$$

ここで，c_A，c_B はそれぞれ高温流体と低温流体の比熱 [kJ/(kg·K)]，G_A，G_B は流量 [kg/s]，t_{A1}，t_{A2} は高温流体の入口と出口の温度 [℃]，t_{B1}，t_{B2} は低温流体の入口，出口温度である．

導出は次の b 項で述べるが，Δt_m は次の対数平均温度差と呼ばれるものとなる．

$$\Delta t_m = (\Delta t_1 - \Delta t_2) / \ln(\Delta t_1 / \Delta t_2) \qquad \cdots\cdots (5.24)$$

ここで，Δt_1 と Δt_2 は図 5.10 に示すようにとる．

> 向流型で $c_A G_A = c_B G_B$ の場合
> $\Delta t_1 = \Delta t_2$ となり，式 (5.24) では Δt_m は求まらない．しかし，この場合は $\Delta t_m = \Delta t_1 = \Delta t_2$ となり，至るところ温度差が一定となり，問題はない．

Column　熱交換器に関する二つの計算問題（設計計算と性能計算）

熱交換器に関する計算には 2 種類の問題がある．それは，①設計問題と②性能問題である．①の場合は，伝えたい熱量および入口の両流体温度と流量が与えられ，熱交換器の伝熱面積 A を求めることが課題である．計算上の特徴は，熱量から出口流体の温度が計算でき，対数平均温度差がわかるため，式 (5.22) から必要面積がすぐに求められる．②は，熱交換器があって（A が既知），それに両流体を流したときに，「どれだけ熱が伝わるのか？」の性能問題である．この場合，熱量が不明で，出口温度，すなわち対数平均温度がわからず，計算できない．この場合は伝熱量を仮定し，両流体の出口温度を求め，対数平均温度差から伝熱量を求める．両者の一致点を探すという試行錯誤が必要となる．

b. 対数平均温度差の導出と移動単位数 NTU

図 5.11 に示すように，熱交換器の微小熱通過面積 dA'（なお，A' は入口から微小面積 dA' の地点までの伝熱面積の大きさで，総伝熱面積は A とする）において流体 A から B へ伝わる熱 dQ は，

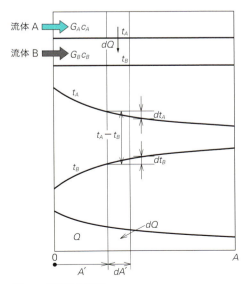

図 5.11　熱交換の解析

$$dQ = K(t_A - t_B)dA' \qquad \cdots\cdots (5.25)$$

で表される．一方，流体の温度変化から dQ を表現すると，流体 A と B に対して，

$$dQ = -c_A G_A dt_A = \mp c_B G_B dt_B \qquad \cdots\cdots (5.26)$$

となる．ここで，dt は流体の微小温度上昇である．また，±は，並流型で＋，向流型で－となる．

　式(5.25)を入口から出口まで積分する．温度差の微小変化は，式(5.26)を用いて次式で表現できる．

$$d(t_A - t_B) = dt_A - dt_B = -DdQ \qquad \cdots\cdots (5.27)$$

ここで，

$$D \equiv \{(1/c_A G_A) \pm (1/c_B G_B)\} = (1/\beta \pm 1)/c_B G_B \qquad \cdots\cdots (5.28)$$

なお，β は次式の無次元数で A 流体と B 流体の流量の熱容量比である．

$$\beta \equiv c_A G_A / c_B G_B \qquad \cdots\cdots (5.29)$$

式(5.25)と(5.27)から dQ を消去し，式(5.28)を使うと次式となる．

$$d(t_A - t_B)/(t_A - t_B) = -K \cdot dA' \{(1/\beta) \pm 1\}/c_B G_B \qquad \cdots\cdots (5.30)$$

これを入口から出口まで積分する．

$$\int_0^A d(t_A - t_B)/(t_A - t_B) = -\{(1/\beta) \pm 1\}(K \cdot A / c_B G_B) \qquad \cdots\cdots (5.31)$$

ここで，

$$NTU \equiv K \cdot A / c_B G_B \qquad \cdots\cdots (5.32)$$

とおく．NTU は移動単位数 (Number of Transfer Unit) と呼ばれる無次元数である．
　式(5.31)は，次式となる．

$$\int_0^A d(t_A - t_B)/(t_A - t_B) = -(1/\beta \pm 1)NTU \qquad \cdots\cdots (5.33)$$

左辺は解析的に積分ができ，次式となる．

$$\ln\{(t_A - t_B)_{出口}/(t_A - t_B)_{入口}\} = -(1/\beta \pm 1)NTU \qquad \cdots\cdots (5.34)$$

入口，出口条件がわかる設計問題では，式(5.34)などから NTU が求められる．NTU がわかると，式(5.32)から，熱交換器の必要サイズ A がわかる．

　なお，コラムに示したように，熱交換器が与えられ(面積 A がわかり)，交換熱量を求める性能問題では，試行錯誤で求める必要がある．

　ここで，式(5.24)の対数平均温度差を導出しよう．単純化のため

$$E \equiv (1/\beta \pm 1)NTU \qquad \Delta t \equiv (t_A - t_B) \qquad \cdots\cdots (5.35)$$

とおくと，式(5.33)は

$$\int_0^A d\Delta t / \Delta t = -E \qquad \cdots\cdots (5.36)$$

入口から出口まで積分すると，次式となる．

$$\Delta t_2 = \Delta t_1 \cdot e^{-E} \qquad \cdots\cdots (5.37)$$

ここで，Δt_1，Δt_2 は入口と出口での両流体の温度差である．また式(5.30)を入口から A' まで積分し，A' での温度差を Δt，$E' = (1/\beta \pm 1)K \cdot A'/(c_B G_B)$ とおくと，$\Delta t = \Delta t_1 e^{-E'}$ となる．なお，$E' > 0$ であり，温度差は入口から指数関数的に縮小していく．Δt_m は次式となり，これは式(5.24)と同じである．

$$\Delta t_m = (1/A)\int_0^A \Delta t \cdot dA' = (\Delta t_2 - \Delta t_1)/\ln(\Delta t_2/\Delta t_1)$$

式(5.32)の NTU の物理的意味
「AB 間の温度差 1℃当たりの B 流体の温度変化」であり，式(5.29)の β は「B 流体と A 流体の温度変化の比」と解釈できる．

両流体の温度差
向流式も並流式も，対数関数となる．

試行錯誤
性能問題に対する NTU (既知)を用いた式(5.33)での試行錯誤法は，例えば，t_B の出口値を仮定→t_A の出口が求まる→(5.33)左辺が求まる→右辺と一致するまでこの操作を試行錯誤する．

c. 移動単位数 NTU を用いた性能計算

上述の性能計算における試行錯誤を回避する方法として，NTU を用いる方法がある．なお，性能問題では NTU は既知である．

熱交換器の性能を表すのに，次式の温度効率 η_t（無次元数）が使われる．

$$\eta_t = (t_{Ain} - t_{Aout})/(t_{Ain} - t_{Bin}) \quad \cdots\cdots (5.38)$$

ここで，t_{Ain}，t_{Aout} は高温流体の入口，出口，t_{Bin} は低温流体の入口温度である．

η_t は，両流体の入口における温度差（最大温度差）に対する，実現できた温度差の比率である．

次元解析[10]などからわかるように，無次元性能 η_t は NTU と β の関数となる．この関数は解析的に求められており，「便覧」などに線図などの形で載っている．これを用いれば，NTU と β から η_t が求まり，それから t_{Aout} が求まる．すなわち，試行錯誤なく熱交換器の性能問題が解決できる．なお，一般に NTU と β の分母の cG は流体 A と B の小さいほう $(cG)_{min}$ が選ばれる（大きいほうは $(cG)_{max}$ と表記する）．すなわち，

$$NTU = KA/(cG)_{min} \qquad \beta = (cG)_{max}/(cG)_{min} \quad \cdots\cdots (5.39)$$

として設定される．

> **隔板式熱交換器の性能の決定**
> 性能を決める無次元数は，NTU と β である．

> **Column** 熱交換器は原則として向流型になるように両流体を流す
>
> 向流型と並流型の温度効率はどちらが大きいであろうか．答えは向流型である．完全な証明ではないが，図 5.9 で考えてみよう．例えば，寸法無限大の熱交換器があったとしよう．並流型での出口温度は両流体の温度が同一，すなわち，両流体を混合した温度になる．一方，向流型では，cG の小さいほうの流体がもう一方の流体の入口温度になる．なお，両流体の cG が等しいときは，両流体の温度変化は完全に重なり，両流体の出口温度は他方の入口温度となる．すなわち，温度効率は 100% となる．

(2) 蒸発式冷却塔の交換熱量の計算

空調システムの冷却塔は，冷凍機の凝縮器での排熱を乗せた冷却水を空気と直接接触させて，顕熱と潜熱を空気に伝えて，再生する装置である．図 5.12 に向流型の冷却塔のイメージ図を示す．なお，第 4 章図 4.18 に詳しい図がある．水は上部から散布され，空気は低部から流入し上部から流出する．塔の中で水と空気の流れは向流で熱交換する．図 5.13 に塔内での水温と空気の湿球温度の変化のイメージを示す．同図には関連変数の記号も示した．また，入口と出口の水温差をレンジと呼び，入口空気の湿球温度と出口水温の差をアプローチと呼ぶ．

塔の微小体積 dV について，空気のエンタルピーの上昇は水のエンタルピーの低下に等しく，それは水から空気への伝達熱に等しいことから，次式を得る．

$$G \cdot dh = L \cdot c_p \cdot dt_w = K_h \cdot dA'(h_s - h) \quad \cdots\cdots (5.40)$$

ここで，G は空気流量 [kg/s]，L は水流量 [kg/s] である．t_w は水温 [℃]，h は空気の比エンタルピー [kJ/kg]，h_s は水温の飽和空気の比エンタルピー [kJ/kg] である．また，熱交換器の場合と同様に，A' は入口から考えている微小区間ま

> **冷却塔内部**
> 実際の冷却塔の内部は空洞ではなく，水と空気の接触面積を増やすために，いろいろな充填物が入れられている．したがって，水と空気の流れはきわめて複雑である．
>
> **湿球温度が規定される理由**
> 蒸発式冷却塔の議論に，外気の湿球温度が規定される．その理由は p.131 のメモ「水面-湿り空気間の伝熱量」に述べた．

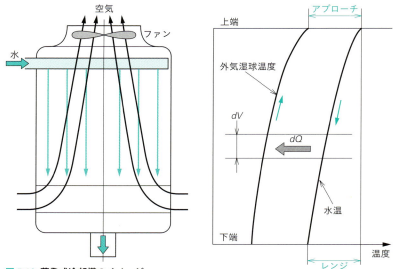

図 5.12 蒸発式冷却塔のイメージ

図 5.13 塔内の水と空気の変化

での熱交換面積として，入口から出口までの総面積を A で表すことにする．なお，K_h はエンタルピーを駆動力とする単位熱コンダクタンスであり，単位は $[kg(DA)/(m^2 \cdot s)]$ である．なお，A は冷却塔内での水と空気の接触面積であるが，これは不明であるので，塔の単位体積当たりの接触面積 $a [m^2/m^3]$ を用いて，次式のように表される．

$$A \equiv a \cdot V$$

L と G の塔内での変化を無視し一定として，入口から出口まで積分すると次式を得る．

$$\int_0^A dt_w/(h_s - h) = K_h \cdot a \cdot V/(L \cdot c_p) \qquad \cdots\cdots (5.41)$$

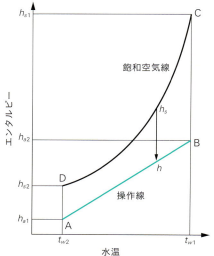

図 5.14 塔内空気の操作線

5・5 熱交換器に関する伝熱計算

図 5.14 に横軸に水温, 縦軸にエンタルピーをとった図を示す. 図には飽和空気の線を示す. 横軸で入口水温 t_{w1} と出口水温 t_{w2} をとり, それらに対する飽和空気線上の点 C, D が水面の空気のエンタルピーとなる. また t_{w2} と入口空気のエンタルピー h_{a1} の点 A と, t_{w1} と出口空気のエンタルピー h_{a2} の点 B を結ぶ線 AB は, 塔内の空気の変化を示しており, 操作線と呼ばれる. 式(5.41)の左辺の積分は, 面積 ABCD であり, 伝熱量に相当する.

式(5.41)の右辺は蒸発式冷却塔の移動単位数 (NTU) であり, 伝熱駆動力は ($h_s - h$) である. 式(5.41)は, 隔板式熱交換器の NTU に対する式(5.33)に相当するものである. 式(5.33)の左辺の積分は解析的に求まり, 対数関数となった. しかし, 式(5.41)の積分は解析的には行えず数値積分などによって求める必要がある. なお, レンジが小さいとき (5℃以下) は対数関数で近似, すなわち対数平均エンタルピー差で計算してもよいようである[11]. NTU を用いれば, 蒸発式冷却塔に関する設計問題や性能問題を解くことができる.

熱コンダクタンス

隔板式熱交換器では熱コンダクタンス $K \cdot A$ に対して, 蒸発式冷却塔では $K \cdot a \cdot V$ と表現される. これは空気と水の接触面積が不明なためであり, 単位体積当たりの熱コンダクタンスとして $K \cdot a$ が使われる. なお, 塔内には空気と水の接触面積の増加や, 空気による水のキャリーアウトを防止するなどの目的で, いろいろな充填物が入れられているなど複雑である. いろいろなタイプに対して, $K \cdot a$ が実験で求められており, 便覧などに載っている.

潜熱移動

空調で用いられる蒸発式冷却塔では, 潜熱移動は顕熱移動のおおよそ 4 倍であり, 同じ温度差であれば, 乾式より 5 倍多くの冷却効果が得られる.

参考文献

1) 日本機械学会：機械工学便覧(改訂第 5 版)(1968), pp.11〜10
2) R. B. Bird ほか：Transport Phenomena, Jhon Wiley & Sons Inc. (1960), p.251
3) 日本物性学会編：新編 熱物性ハンドブック(2008), p.73, 養賢堂
4) 2)と同じ. p.253
5) 内田秀雄：熱伝達特論(1968), p.146, 裳華房
6) 例えば, 空気調和・衛生工学会編：空気調和・衛生工学便覧(第 13 版)(2001)
7) 甲藤好郎：伝熱概論(1967), p.417, 養賢堂
8) 空気調和・衛生工学会編：空気調和・衛生工学便覧(第 13 版)(2001), 第 1 編, p.148
9) 水野稔ほか(空気調和・衛生工学会編)：ヒートアイランド対策(2009), p.18, オーム社
10) 甲藤好郎：伝熱概論(1967), p.47, 養賢堂
11) 井上宇一編：空気調和ハンドブック(第 5 版)(2008), p.209, 丸善

index

あ

アスマン式 …………………………………… 11
アプローチ …………………………………… 139

一次元円柱座標 ……………………………… 135
一般ガス定数 …………………………………… 6
移動単位数 ……………………………… 137, 141
インテリア負荷 ……………………………… 57

エアハンドリングユニット …………………… 93
エアフィルタ …………………………………… 96
エアワッシャ …………………………………… 30
エネルギー保存則 ……………………………… 8
エンタルピー …………………………………… 8

オーガスト式 ………………………………… 11
オゾン層 ………………………………………… 3
温湿度制御 …………………………………… 70
温度効率 ……………………………………… 139
温度伝導率 …………………………………… 125
温熱環境因子 ………………………………… 50
温熱指標 ……………………………………… 43
温冷感 ………………………………………… 50

か

外気移行率 …………………………………… 92
外気処理エアコン …………………………… 62
外気処理空気調和機 ………………………… 62
外気取入れ率 ………………………………… 37
外気冷房 ……………………………………… 92
快適温熱環境 ………………………………… 43
開放型ストーブ ……………………………… 42
化学減湿装置 ………………………………… 35
拡散係数 ……………………………………… 127
拡大伝熱面 …………………………………… 128

隔板式熱交換器 ……………………………… 136
加湿器 ………………………………………… 82
加湿効率 …………………………………… 34, 84
ガス定数 ……………………………………… 6
加熱 …………………………………………… 26
加熱コイル ………………………………… 26, 77
乾き空気 ……………………………………… 4
乾き空気の状態量 …………………………… 7
乾き空気の物性値 …………………………… 125
還気移行率 …………………………………… 92
乾球温度 ……………………………………… 10
換算風量 ……………………………………… 26
乾式吸着除湿器 ……………………………… 102
乾湿球温度計 ………………………………… 11

気化式加湿 …………………………………… 30
気体の法則 ……………………………………… 5
キャリア線図 ………………………………… 18
強制対流熱伝達 ……………………………… 124

空気加熱器 …………………………………… 77
空気清浄器 …………………………………… 96
空気洗浄器 …………………………………… 30
空気線図の種類 ……………………………… 14
空気調和機 ………………………………… 24, 93
空気熱源ヒートポンプチラー＋
　空調機変風量方式 ………………………… 108
空気熱源ビル用マルチパッケージ方式 …… 108
空気熱交換器 ………………………………… 88
空気の組成 …………………………………… 4
空気表 ………………………………………… 10
空気冷却器 …………………………………… 77
空調機選定 …………………………………… 97
空調負荷の分類 ……………………………… 54
空調方式 ……………………………………… 54
グラソフ数 …………………………………… 127
クーリングタワー …………………………… 116
クリーンルーム ……………………………… 111
グローブ球温度 ……………………………… 46

結露 …………………………………………… 41
減湿 …………………………………………… 35
顕熱移動量 …………………………………… 131

顕熱交換器	88
顕熱比	20, 35
コイル正面面積	78
コイル水量	78
コイル特性	81
コイルの選定	78
コイルバイパス制御	76
コイル列数	80
恒温恒湿室	114
工業用クリーンルーム	111
高顕熱室	100
向流型熱交換器	136
個別空調	62
混合	24
コンタミネーション	88
コンパクト型空気調和機	98

さ

再蒸発距離	87
最大負荷	70
再熱器	58
再熱（レヒータ）方式	72
作用温度	45
自然対流熱伝達	124
自然対流・放射型放熱器	101
湿球温度	10
湿球グローブ温度	51
湿式吸収除湿器	102
室内顕熱負荷	36
室内潜熱負荷	37
室内負荷	54
湿り空気	4
湿り空気の状態量	8
湿り空気の物性値	126
シャーウッド数	130
シャルルの法則	5
自由対流熱伝達	124
シュミット数	130
蒸気加湿	30, 31, 83, 87
蒸気表	9

状態方程式	6
蒸発係数	129
蒸発式冷却塔	139
蒸発冷却	30
除湿器	101
シロッコファン	94
人体の熱収支	43
新標準有効温度	47
新有効温度	43
新冷媒	3
水蒸気の物性値	126
水蒸気分圧	12
水分伝達	129
成績係数	30
絶対湿度	12
潜熱移動量	131
全熱移動量	131
潜熱顕熱分離空調	110
全熱交換器	88
全熱交換器の結露	92
全熱交換器の効率	88
装置負荷	54
装置露点温度	28
送風機	94

た

大気	2
大気圧	2
対数平均温度差	79, 136
代替フロン	3
対流熱移動	124
対流熱伝達率	48
ターボ冷凍機＋ガス吸収式冷温水発生機＋空調機変風量方式	109
ダルトンの分圧の法則	6
単位操作	24
単位熱コンダクタンス	134
単位熱抵抗	134
断熱材の臨界半径	135

断熱変化··30

着霜··42
直交流型熱交換器·····································136

定圧比熱···7
定風量単一ダクト方式························55,70
定容比熱···7
滴下式加湿···30,31
デシカント··102
デシカント空調······································110
デシカント空調機··································103
電気ヒータ··82
電子冷却器··101
伝熱係数···79

動粘性係数··126
特定フロン···3
ドライコイル···112
ドライルーム··113

な

内部結露···41

2段加湿··87
ニュートンの冷却則·······························124

ヌッセルト数···127
ぬれ面係数··80
ぬれ面率···133

熱移動··124
熱回収量···90
熱源負荷···54
熱コンダクタンス··································134
熱水分比··19,35
熱中症···51
熱通過··133
熱通過率··79,134
熱抵抗··134
熱伝達··124
熱伝達率···124

熱伝導··124
熱伝導率··124,125
粘性係数···126

は

バイオクリーンルーム···························111
バイパスファクタ···································28
白煙現象···121
パッケージエアコン································62
パッケージ型空気調和機····················93,99
パン型加湿器··32

比エンタルピー··8
比較湿度···13
飛行機雲···119
比熱··7
比熱比···8
標準空気···26
標準大気圧··2
比容積···7
表面結露···41

ファンインバータ····································75
ファンコイルユニット·······················57,98
フィン効率··128
フィンチューブ型····································77
フェーン現象···4
不感蒸泄···43
物質移動···125
部分負荷···70
プラグファン··94
プラントル数···127
フーリエの式···124
フリークーリング··································119

平均放射温度··46
並流型熱交換器·····································136
ペリメータ負荷·······································57
変風量制御··75
変風量単一ダクト方式·······················60,74
変風量ユニット·································60,62

ボイル-シャルルの法則 ················ 5, 6
ボイルの法則 ························· 5
放射伝熱 ···························· 124
飽和空気線 ·························· 14
飽和効率 ···························· 84
飽和度 ······························ 13
ボーエン比 ·························· 132

ま

ミキシングロス ······················ 59
水加湿 ······························ 83
水気化式 ···························· 83
水-空気熱交換器 ····················· 77
ミスト冷却装置 ····················· 105
水噴霧加湿 ······················ 30, 31
水噴霧式 ···························· 83
水噴霧式冷却装置 ··················· 105
密度 ································· 7

無次元数 ··························· 127

や

ユニット型空気調和機 ················ 93

ら

裸体表面積 ·························· 43

ルイスの関係 ······················· 129

冷却 ································ 27

冷却加湿 ···························· 30
冷却減湿 ···························· 30
冷却コイル ·························· 77
冷却塔 ····························· 116
冷却塔の白煙防止 ··················· 120
レイノルズ数 ······················· 127
冷風扇 ····························· 101
レヒータ ···························· 58
レンジ ····························· 139

露点温度 ···························· 13
露点制御 ···························· 58

英

ASHRAE Standard 55 ················· 45
clo ································· 46
ET* ································· 43
HC 線図 ····························· 14
h-x 線図 ························· 14
LC 線図 ····························· 14
met ································· 46
NC 線図 ····························· 14
NTU ························· 137, 141
PMV ································ 47
PPD ································ 48
SET* ································ 47
SHF ································ 20
t-h 線図 ························· 19
t-x 線図 ························· 18
VAV 方式 ···························· 60
WBGT ······························· 51

本文デザイン:相馬敬徳(Rafters)

- 本書の内容に関する質問は，オーム社書籍編集局「(書名を明記)」係宛に，書状またはFAX(03-3293-2824)，E-mail(shoseki@ohmsha.co.jp)にてお願いします．お受けできる質問は本書で紹介した内容に限らせていただきます．なお，電話での質問にはお答えできませんので，あらかじめご了承ください．
- 万一，落丁・乱丁の場合は，送料当社負担でお取替えいたします．当社販売課宛にお送りください．
- 本書の一部の複写複製を希望される場合は，本書扉裏を参照してください．

徹底マスター
空気線図の読み方・使い方（改訂2版）

1998年9月25日　第1版第1刷発行
2019年10月20日　改訂2版第1刷発行

編　者　空気調和・衛生工学会
発行者　村上和夫
発行所　株式会社オーム社
　　　　郵便番号　101-8460
　　　　東京都千代田区神田錦町3-1
　　　　電話　03(3233)0641（代表）
　　　　URL　https://www.ohmsha.co.jp/

© 空気調和・衛生工学会 2019

印刷・製本　三美印刷
ISBN978-4-274-22443-0　Printed in Japan

関連書籍のご案内

空気調和・衛生工学会 編
「知識」「実務の知識」3部作、刊行！

空気調和・衛生設備の知識　改訂4版
- B5判
- 296ページ
- 定価（本体3600円【税別】）

空気調和・衛生設備の定本！さらにわかりやすく、基礎知識を体系的にまとめた一冊！

空気調和設備計画設計の実務の知識　改訂4版
- B5判
- 350ページ
- 定価（本体4000円【税別】）

実務に必ず役立つ珠玉の解説書！長く支持され続けている、空調設備技術者の必携書！

給排水衛生設備計画設計の実務の知識　改訂4版
- B5判
- 408ページ
- 定価（本体4600円【税別】）

実務に必ず役立つ珠玉の解説書！長く支持され続けている、衛生設備技術者の必携書！

もっと詳しい情報をお届けできます。
◎書店に商品がない場合または直接ご注文の場合も右記宛にご連絡ください。

ホームページ　https://www.ohmsha.co.jp/
TEL/FAX　TEL.03-3233-0643　FAX.03-3233-3440

（定価は変更される場合があります）

C-1703-135-2